100 große
Gedichte

Ausgewählt und gedeutet von Kulturredakteuren
der Augsburger Allgemeinen

Augsburger Allgemeine ||| Exklusiv

Auf der Spur süßer Geheimnisse

Was für ein großartiges Versprechen! „Nievernommne Töne" stellt Hugo von Hofmannsthal demjenigen in Aussicht, der sich hineinbegeben will in die Welt der Poesie. Die Verse, in denen der Dichter dies verbürgt, finden sich im ersten unserer „100 großen Gedichte". Tatsächlich ist die Lyrik ein Sirenengesang, von dem man kaum mehr lassen mag, so man sich nur einmal tiefer auf ihn eingelassen hat. Es bedarf vielleicht nur eines Anstoßes, nur eines hie und da aufschlüsselnden „Zauberworts", um die von Hofmannsthal versprochenen „süßgeheimen" Töne zu hören.

Die Feuilleton-Redaktion der Augsburger Allgemeinen hat über einen Zeitraum von fast zwei Jahren hinweg einmal pro Woche ein Gedicht aus dem unerschöpflichen Fundus der deutschsprachigen Lyrik vorgestellt. Wobei sich zum poetischen Wortlaut jeweils noch ein informierend-interpretierender Beitrag gesellte. Kaum war die Reihe ins Laufen gebracht, als bereits erste wohlmeinende Leser fragten, ob denn nach Abschluss der Serie nicht daran gedacht sei, die Gedichte mitsamt Abhandlungen in einer Sammelpublikation zu veröffentlichen? Als über die Monate hinweg die Zahl der Gedichtvorstellungen immer höher stieg, die Nachfragen nach einem solchen Band aber keineswegs abrissen, war schließlich der Entschluss gefasst. Und so liegt hier nun die Serie der „100 großen Ge-

dichte" als eigenständige Sammlung vor. Es versteht sich, dass eine Auswahl von 100 Gedichten – getroffen wurde sie von der Feuilleton-Redaktion und ihren Mitarbeitern – nichts anderes als subjektiv sein kann. Sie erhebt also keinen Anspruch auf Unangreifbarkeit und schon gar nicht darauf, als verbindlicher Kanon zu gelten. Dass hier gleichwohl von „großen Gedichten" die Rede ist, hat seinen Grund in der Überzeugung, dass die vorgestellte Lyrik es wert ist, gekannt zu werden; dass diese Verse, die in einer mehr oder weniger weit entfernten Vergangenheit entstanden, uns auch heute und womöglich noch morgen etwas zu sagen haben.

Die Auswahl umfasst einen Zeitraum von acht Jahrhunderten. Sie beginnt im Hochmittelalter, in dem die höfische Konvention unverkennbar auch die Lyrik prägte; spannt den Bogen weiter zum Barock, in dem die Dichter die Erscheinungen der Welt ebenso priesen wie sie davor warnten, ihnen zu verfallen. Die deutsche Klassik wiederum erprobte das Denken in Versen; während die Dichter der Romantik zwischen manch betulich anmutendem Reim die Brüchigkeit der Existenz durchschimmern ließen. Die allumfassende Skepsis der Moderne schließlich schlug sich auch in ihren Sprachschöpfungen nieder. Damit ist der Bestand an deutschsprachiger Poesie zwar nicht in seiner vollständigen zeitlichen Erstreckung abgebildet, wohl aber in seinem Kernbereich. Die Vorstellung erfolgt nicht chronologisch, eher soll sich in ihr spiegeln, was das Wesen der Lyrik ausmacht: Die Vielfalt ihrer Gestalten und Themen – macht doch die Poesie vor nichts Halt, lockt sie vielmehr das „Lied in allen Dingen" hervor, das Eichendorff besang. Dass es nicht ohne schmerzliche Beschränkungen ging, ist ein Wermutstropfen, der wie jeder literarischen Blütenlese auch der hier vorgestellten Hundertschaft anhaftet. Aber wie wären herbe Einschnitte zu vermeiden, wo doch allein Goethe schon über 3000 Gedichte schrieb?

Anders als die überwiegende Zahl erzählender Texte erschließt sich der Sinn von Gedichten meist nicht gleich beim ersten Lesen. Manchmal gibt sich Lyrik sogar regelrecht zugeknöpft, bedingt durch die sprachliche Verknappung – und künstlerisch gewollt als Ausdruck jenes kunstvollen Spiels, in das der Autor seine Leser verwickeln will.

Ein Anderes kommt hinzu: Gedichte, deren Entstehung schon zwei, drei, mehrere Jahrhunderte zurückliegt, sind in eine historische Ferne gerückt, die zu erhellen durch das ein oder andere erläuternde Wort zumindest erleichtert wird. Hierbei aufzuhelfen, dazu sind die den Gedichten beigeordneten kleinen Abhandlungen gedacht. Soweit es sich aber um Interpretation handelt, gilt auch hier, dass kein Anspruch auf schulbuchhafte Gültigkeit erhoben wird.

Überhaupt: „Die einzig richtige Art, ein Gedicht zu lesen, gibt es nicht." Hans Magnus Enzensberger, selbst Dichter, hat das gesagt. Auch er fand, nicht anders als Hofmannsthal, verführerisch werbende Worte für den Umgang mit Gedichten, für das Lesen wieder und wieder: „Unter jedem Text findet sich ein anderer, finden sich viele andere, mehr als die Weisheit des Lesers und des Schreibers sich träumen lassen." Solche Suche anzuregen, solche Funde zu ermöglichen, dazu möchte unsere Auswahl an „100 großen Gedichten" einen Beitrag leisten.

Herzlichst, Ihr

Stefan Dosch

Stefan Dosch,
Kulturredaktion Augsburger Allgemeine

HUGO VON HOFMANNSTHAL

Was ist die Welt?

Was ist die Welt? Ein ewiges Gedicht,
Daraus der Geist der Gottheit strahlt und glüht,
Daraus der Wein der Weisheit schäumt und sprüht,
Daraus der Laut der Liebe zu uns spricht.

Und jedes Menschen wechselndes Gemüt,
Ein Strahl ists, der aus dieser Sonne bricht,
Ein Vers, der sich an tausend andre flicht,
Der unbemerkt verhallt, verlischt, verblüht.

Und doch auch eine Welt für sich allein,
Voll süß-geheimer, nievernommner Töne,
Begabt mit eigner, unentweihter Schöne,
Und keines andern Nachhall, Widerschein.

Und wenn du gar zu lesen drin verstündest,
Ein Buch, das du im Leben nicht ergründest.

Ins Innere der Poesie kommen wir nie

Hier geht es ums Ganze: Was ist die Welt? Die Frage wurde vor allem in Barockzeiten aufgeworfen, etwa von Gryphius, auch von Hofmannswaldau (1617 bis 1679). Selbiger tut die Welt in seinem gleichnamigen Gedicht als „schnöden Schein", als „faules Grab" ab. Die Moral von dem Gedicht: Liebes Menschlein, lass dich nicht vom Glanz des Diesseits betören, sonst verwirkst du dein Seelenheil im Jenseits.

Ganz anders verfährt Hugo von Hofmannsthal (1874 bis 1929). Der Wiener Gymnasiast schrieb nebenstehende Verse (eine Variante des Sonetts) im Sommer 1890. Da war er 16! Staunenswert die Emphase, mit der er im Wechsel von Senkung und Hebung (Jambus) loslegt und die Gleichung Welt = Gedicht (d.h. natürlich auch Gedicht = Welt) feiert – in dem gleich anlautenden („daraus"), alliterierenden Dreischritt „Geist der Gottheit", „Wein der Weisheit", „Laut der Liebe". Hier ist die hohe Kunst der Poetisierung am Werk, man könnte auch mit Nietzsche sagen, der Ästhetisierung der Welt.

Die zweite Strophe inszeniert den Blickwechsel vom Ganzen, von der Ewigkeit hin zum Einzelnen, dem wechselnden Menschengemüt, dem Vers als Glied einer tausendfach verflochtenen Kette. Der hymnische Ton des Beginns bricht sich in einem Dreiklang, den die Silbe „ver-" unter ein negatives Vorzeichen stellt: „verhallt, verlischt, verblüht". Solcherart ist bei Hofmannsthal jene große Spannung der Wiener Moderne zu spüren – Ekstase versus Vergehen –, wie sie beispielsweise das künstlerische Schaffen eines Gustav Klimt bestimmt.

Die dritte Strophe setzt eine Zäsur („Und doch") und intoniert zugleich einen neuen Aufschwung, indem sie – durchaus im Nachhall romantischer Sprachmagie – das Besondere, das Singuläre, auch das Originelle des Verses („eine Welt für sich allein"), mithin des Dichters Hofmannsthal, rühmt. Die klang- und bilderreichen Zeilen (mit dem kunstvollen Reimschema abba, baab, cddc, ee) gipfeln im Topos des Gedichts als Welt- und Lebens-Buch. Wer versteht darin zu lesen? Wer trifft, mit dem Spätromantiker Eichendorff zu sprechen, das „Zauberwort", das diese Welt aufschließt? Wohlgemerkt, aufschließt, nicht erschließt.

Wie sagte doch Hofmannsthal: „Ins Innere der Poesie kommen wir nie, aber es ist schon ein seltenes und hohes Vergnügen, um ihre Schöpfungen herumzugehen und ihnen manches abzumerken." Gerade weil Dichtung ihr Geheimnis nicht preisgibt, verführt sie zu wiederholter Lektüre. Eine ganz andere Frage ist, ob der junge Hofmannsthal in diesen Zeilen die Dichtung nicht nur als gesteigerte Lebensform ausgibt, sondern ob sie ihm nicht doch auch ein Stück Lebensersatz ist. *Günter Ott*

HEINRICH HEINE

Wo?

Wo wird einst des Wandermüden
Letzte Ruhestätte sein?
Unter Palmen in dem Süden?
Unter Linden an dem Rhein?

Werd ich wo in einer Wüste
Eingescharrt von fremder Hand?
Oder ruh ich an der Küste
Eines Meeres in dem Sand?

Immerhin! Mich wird umgeben
Gotteshimmel, dort wie hier,
Und als Totenlampen schweben
Nachts die Sterne über mir.

Auf letzte Fragen gibt es keine sichere Antwort

Wer ein paar Eckdaten aus dem Leben Heinrich Heines (1797 bis 1856) kennt und diesem Gedicht zum ersten Mal begegnet, der könnte annehmen, es sei elegischer Ausdruck der letzten Jahre des Dichters, als er, schwer an einer Nervenkrankheit leidend, in seiner Pariser „Matratzengruft" dahinsiechte. Doch die zwölf Verszeilen von „Wo?" entstanden deutlich vor Heines gesundheitlichem Zusammenbruch, wohl schon um 1840 herum; Genaueres ist nicht bekannt.

Aber die Frage, die Heine hier aufwirft und auf die er vier Antworten gibt, die er gleich wieder mit Fragezeichen versieht – diese Frage kommt einem auch dann in den Sinn, wenn man sich wohl befindet. Handelt es sich doch um einen Gedanken, der jedem Menschen im Laufe des Lebens unweigerlich einmal in den Sinn kommt. Auch wenn Heines Interesse hier scheinbar nur dem Ort gilt, ist das Sinnen darüber doch kaum vorstellbar ohne gleichzeitiges Bedenken dessen, was der letzten Stätte vorausgeht – der Tod.

Das Leben als Wanderschaft, hin zu dem einen Ziel: Das ist ein Gemeinplatz der Literatur. Dem „Wandermüden" begegnet man auch bei Heines Zeitgenossen, bei Eichendorff etwa. „So tief im Abendrot, Wie sind wir wandermüde –/Ist das etwa der Tod?" lauten die letzten Zeilen von dessen Gedicht „Im Abendrot". Wobei Heines Fragereihe nach Tod und Gruft in jenem Ton gehalten ist, der prägend ist für diesen Dichter – ein Ton der Lakonie, zugleich nah gebaut an der Ironie. Eine Wortfolge wie zu Beginn der zweiten Strophe – „Werd ich wo..." – ist von derart aufreizender Einfachheit, dass sich der beim Denken an den Tod unweigerlich einstellende Würgegriff zu lockern scheint. Und erst die Schlussstrophe mit ihrem, der vorausgegangenen Unsicherheit vorwitzig entgegengeworfenen „Immerhin!".

Was dann folgt, ist so eindeutig nicht zu fassen. Der „Gotteshimmel" könnte auf eine Geborgenheit in der Religion hindeuten, wie Heine sie in späteren Jahren auch keineswegs ausschließen mochte. Der Glaubensgewissheit steht jedoch das illusionslos-kühle Wort von den „Totenlampen" entgegen. Auch „die Sterne über mir" sind keine Vorstellung aus dem Repertoire christlicher Heilsversprechung, eher ein pantheistisch grundiertes Gefühl. Dass Heine hier auf eine zentrale Frage des Lebens – die Frage nach dem Jenseits – nur Möglichkeiten andeutet, das macht Zeitlosigkeit und Größe dieses Gedichtes aus. Heine starb in Paris, auf dem Friedhof Montmartre fand er die „letzte Ruhestätte". Sein Grabmal ziert ein Gedicht: „Wo?"   *Stefan Dosch*

PAUL FLEMING

Gedanken/über der Zeit

Ihr lebet in der Zeit/und kennt doch keine Zeit/
So wisst Ihr Menschen nicht von/und in was Ihr seyd.
Diß wisst Ihr/daß ihr seyd in einer Zeit gebohren.
Und daß ihr werdet auch in einer Zeit verlohren.
Was aber war die Zeit/die euch in sich gebracht?
Und was wird diese seyn/die euch zu nichts mehr macht?
Die Zeit ist was/und nichts. Der Mensch in gleichem Falle.
Doch was dasselbe was/und nichts sey/zweifeln alle.
Die Zeit die stirbt in sich/und zeucht sich auch aus sich.
Diß kommt aus mir und dir/von dem du bist und ich.
Der Mensch ist in der Zeit; sie ist in ihm ingleichen.
Doch aber muß der Mensch/wenn sie noch bleibet/weichen.
Die Zeit ist/was ihr seyd/und ihr seyd/was die Zeit/
Nur daß ihr Wenger noch/als was die Zeit ist/seyd.
Ach daß doch jene Zeit/die ohne Zeit ist kähme/
Und uns aus dieser Zeit in ihre Zeiten nähme.
Und aus uns selbsten uns/daß wir gleich köndten seyn/
Wie der itzt/jener Zeit/die keine Zeit geht ein.

Der Mensch – ein Spiel der Zeit

Der Pfarrerssohn Paul Fleming (1609 bis 1640), als Zögling der Leipziger Thomasschule früh vertraut mit geistlichem Liedgut, hat uns populäre Weisen hinterlassen („In allen meinen Taten", „Ein getreues Herze wissen"). In seinem Zeit-Poem legt er indes eine veritable Kopfnuss vor, ein fast schon philosophisches Stück versponnener Gedankenlyrik. Man muss dieses kunstvoll-diskursive Gedicht (hier in der sprachlichen Originalversion) mehrmals lesen – und kommt doch nicht hinter all seine Geheimnisse. Ebendas aber gehört, wie wir sehen werden, zu Flemings Strategie.

Der Dichter, der schon zu seinen kurzen Lebzeiten um seine Bedeutung wusste („Mein Schall flog überweit. Kein Landsmann sang mir gleich"), stützt sich im Wesentlichen, auch wenn er ihn teils abwandelt, auf das klassische barocke Maß – den Alexandriner, einen sechstaktigen jambischen Reimvers, in der Mitte mit einer Zäsur. Sie trennt Satz und Gegensatz, programmatisch intoniert schon in der Auftaktzeile.

Dieser antithetische Charakter trägt das Gedicht. Es setzt ein verwirrendes Spiel mit zwei Begriffen in Gang. Siebzehnmal kommt das Wort „Zeit" vor, achtmal das (variierte) Wort „seyn". Es geht in dieser gelehrigen, mit rhetorischen Mitteln betriebenen lyrischen Abhandlung um nichts anderes als Sein und Zeit. („Zeit" und „seyd" ist auch der einzige wiederkehrende Paarreim.) Der Dichter stellt sich zu Beginn gleichsam aufs Podest, gibt aber das anfängliche distanzierende „ihr" und „euch" auf – zugunsten eines „uns" und „wir".

Was also ist die Zeit? Sie ist flüchtig und vergänglich (das Thema des literarischen Barock!), gespannt zwischen Geburt und Tod. Sie ist menschliche Hervorbringung und doch wieder autonome Idee. All das (und mehr) klingt in den Zeilen an, die – vor allem mit den Stilmitteln der Variation und Wiederholung – einen aufklärerischen Gestus vorgeben, aber den Leser in Wirklichkeit mehr und mehr in ein Begriffslabyrinth treiben. Der Mensch erscheint als „Spiel der Zeit" (Gryphius)! Das Gedicht verstrickt uns in die Zeit aus einem einzigen Grund: um uns aus der Zeitlichkeit zu „erlösen". „Ach daß doch jene Zeit / die ohne Zeit ist kähme" – mit diesem Vers stößt der Dichter das Tor zum Glauben auf. Die vier Schlusszeilen reißen uns aus der ausweglosen Reflexion der (wankelmütigen) Lebenszeit („diese Zeit") und beschwören den Wunsch, in die Ewigkeit Gottes („jene Zeit") einzugehen.

Die letzte Zeile, die Gott als den aller Zeit Enthobenen feiert, schließt an den ersten Vers an. Dieser konfrontiert uns mit jener Blindheit, die uns die wahre Zeit, sprich Ewigkeit, nicht „kennen" lässt.

Günter Ott

JOHANN WOLFGANG GOETHE

Heidenröslein

Sah ein Knab' ein Röslein stehn,
Röslein auf der Heiden,
War so jung und morgenschön,
Lief er schnell, es nah zu sehn,
Sah's mit vielen Freuden.
Röslein, Röslein, Röslein rot,
Röslein auf der Heiden.

Knabe sprach: ich breche dich,
Röslein auf der Heiden!
Röslein sprach: ich steche dich,
Daß du ewig denkst an mich,
Und ich will's nicht leiden.
Röslein, Röslein, Röslein rot,
Röslein auf der Heiden.

Und der wilde Knabe brach
's Röslein auf der Heiden;
Röslein wehrte sich und stach,
Half ihr doch kein Weh und Ach,
Mußt es eben leiden.
Röslein, Röslein, Röslein rot,
Röslein auf der Heiden.

Verstrickung in Schuld

Dieses Gedicht, das in seinem Titel so betulich daherkommt, ist eines von der abgefeimten Sorte. Führt es doch zwei Strophen lang in eine bestimmte Richtung, um in der dritten und letzten dann eine harte Kehrtwende zu vollziehen. Die Sprache ist hier die Verführerin. Wo von einem „Knaben" die Rede ist, taucht man zwangsläufig ein in eine kindliche Welt, vollends dann bei den Verkleinerungen: achtzehnmal fällt das Wort „Röslein".

Freundlich geht es also los, der Knabe erblickt ein Blümelein (Strophe eins), die beiden necken sich (Strophe zwei), und eigentlich möchte man annehmen, dass es weitergeht in diesem unbefangenen Ton. In Strophe drei aber vergreift sich der Knabe am Röslein; und es fällt auch noch der mitleidlose Satz: „Mußt es eben leiden."

Von alters her ist die Blume Sprachbild für ein weibliches Wesen. Das zeigt auch ein Gedicht der Zeit um 1600, das Goethe, als er 1771 sein „Heidenröslein" schrieb, vermutlich gekannt hat, ist doch schon dort derselbe Kehrreim („Röslein auf der Heiden") zu finden. In jenem Gedicht aus der Sammlung eines gewissen Paul von der Aelst steht von vornherein fest, dass mit dem Bild von der Rose ein Mädchen gemeint ist: „Sie blühet wie ein Röselein, / Die Bäcklein wie das Mündelein". Goethe (1749 bis 1832) vermeidet diese Offensichtlichkeit im „Heidenröslein". Bei ihm ist die Sprache äußerst knapp, die Handlung sprunghaft und aufs Wesentliche konzentriert. Vor allem aber rückt das Gegenüber des Knaben nun ganz ins Bildhafte, wodurch die Drastik des Geschehens erst beim zweiten Blick ins Auge sticht. Einen kleinen Hinweis, dass hier ein Menschenwesen gemeint ist, hat der Dichter allerdings gesetzt. Im vierten Vers der letzten Strophe müsste es eigentlich heißen: „Half ihm" (dem Röslein) – Goethe aber setzt das weibliche „ihr".

Was nicht eindeutig benannt ist, setzt sich desto stärker in Gedanken fest, gibt somit unablässig Anlass zur Auseinandersetzung. Es gehört zur Größe dieses Gedichts, dass nicht entschieden ist, was dem Mädchen widerfährt. Eine Vergewaltigung? Auch anderes ist denkbar: Dass die Gewalt, die der Knabe verübt, keine körperliche, sondern eine seelische ist. Im Jahr vor der Gedicht-Niederschrift hatte Goethe im Elsass Friederike Brion kennengelernt und mit ihr einen heiteren Sommer verbracht. Das Mädchen mochte sich mehr erhofft haben, Goethe aber wurde die Beziehung zu eng und er zog von dannen – Friederike standen, wie er sich später erinnerte, die Tränen in den Augen. Nicht ausgeschlossen, dass Goethes damalige Gefühlslage, die Verstrickung in Schuld, im „Heidenröslein" nachschwingt.

Stefan Dosch

CLEMENS BRENTANO

Abendständchen

Hör, es klagt die Flöte wieder,
und die kühlen Brunnen rauschen.
Golden weh'n die Töne nieder,
stille, stille, laß uns lauschen!

Holdes Bitten, mild Verlangen,
wie es süß zum Herzen spricht!
Durch die Nacht, die mich umfangen,
blickt zu mir der Töne Licht.

Von Auge und Ohr bevölkert

Wohl selten folgt man einer Aufforderung – „Hör" – so gerne wie bei diesem Gedicht von 1802. Der Klang, der Zeilenfall, der stete Wechsel von Hebung und Senkung (Trochäus), die zumeist klingenden Versenden, der Kreuzreim, die verschwebenden Bilder – all dies trägt bei zu einem bezaubernden „Abendständchen" (wobei der Titel nicht vom Autor stammt).

Clemens Brentano (1778 bis 1842) ist der Klangkünstler unter den Lyrikern. Er überführt Sprache in Musik, dass einem Hören und Sehen vergeht. Das Echo der Töne und Empfindungen läuft durch das Gedicht, die unterschiedlichen Sinneseindrücke vereinen sich zum „lieblichen Tausch" (Brentano), zu kühnen Bildern: Die kühlen Brunnen rauschen, die Töne wehen, das Licht der Töne blickt... Die Synästhesie, die sprachmagische Verschmelzung des Optischen, Akustischen und Taktilen, dient in der Romantik, und zumal bei Brentano, der Intensivierung des lyrischen Tons (auch Rilke und Hofmannsthal greifen gern auf dieses Mittel zurück). Jean Paul sagte: „Die romantische Poesie wird von Auge und Ohr bevölkert."

Es ist Abend. Die Arbeit ist getan. Der Tag geht in die Nacht über, die Zeit der Stille bricht an, die Grenzen verschwimmen. Die Romantik liebt diese Übergänge. Die Nacht rückt den Alltag fern, macht empfänglich für den Zauber der Zwischentöne, für das Wehen und Schweben, für das tief ins Herz dringende Sehnen, für den Wechsel von Nähe und Ferne, Innen und Außen, Oben und Unten, von Sinnlichem und Geistigem. Alles fließt. Das Gedicht vollführt die zauberhafte Verwandlung des klagenden Flötentons in den erfüllten (Liebes-?)Augenblick, da „der Töne Licht" wie ein Blitz in die Nacht fährt. Der volksliedhaft einfache Ton ist betörend – und verdankt sich doch einer hohen Artistik. Hans Magnus Enzensberger, der über Brentano promoviert hat, zählt dieses (unter anderem von Brahms und Hindemith vertonte) Poem zu den „einmaligen Glücksfällen von ‚Kunstpoesie' im Ton und Gewand der ‚Naturpoesie'".

Hervorgegangen ist das Gedicht aus Brentanos Singspiel „Die lustigen Musikanten", genauer aus dem darin enthaltenen Duett zwischen dem Mädchen Fabiola und seinem blinden Vater Piast. Beide tragen jeweils zwei Zeilen vor, wobei Fabiola beginnt.

Muss man das wissen? Eher nicht. Denn die vom Wechselgesang freigestellten Zeilen befreien das Gedicht aus dem Rollenkorsett, erweitern seine Bedeutung (die „Nacht" ist eben nicht mehr nur die Nacht des blinden Greises Piast!) und vertiefen es zu einem von Gold, Licht und Musikalität erfüllten Echoraum, in dem alle Gedichtelemente zusammenklingen.   *Günter Ott*

JAKOB VAN HODDIS

Weltende

Dem Bürger fliegt vom spitzen Kopf der Hut,
In allen Lüften hallt es wie Geschrei.
Dachdecker stürzen ab und gehn entzwei
Und an den Küsten – liest man – steigt die Flut.

Der Sturm ist da, die wilden Meere hupfen
An Land, um dicke Dämme zu zerdrücken.
Die meisten Menschen haben einen Schnupfen.
Die Eisenbahnen fallen von den Brücken.

Die alten Gewissheiten sind entzwei

Der Titel kündigt nicht weniger an als das Ende der Welt. Und tatsächlich, die Wasser treten über die Ufer, Mensch und Ding stürzen in die Tiefe. Zugleich aber ergeht Mitteilung, dass Kopfbedeckungen davonfliegen und Erkältungen um sich greifen. Sieht so die Apokalypse aus?

„Weltende" von Jakob van Hoddis (1887 bis 1942) wurde erstmals 1911 veröffentlicht, und sogleich stieß das Gedicht auf großen Widerhall. Der Dichterkollege Johannes R. Becher erinnerte sich später, dass diese acht Verszeilen keineswegs, wie der Titel vermuten ließe, als Ausdruck des Schreckens verstanden wurden, sondern im Gegenteil die Kraft zu neuem Aufbruch vermittelten. Erst nach dem Weltkrieg, als das Gedicht die 1919 erstmals erschienene expressionistische Lyrik-Anthologie „Menschheitsdämmerung" eröffnete, nahm man die beiden Strophen auch als Vorahnung des großen Schlachtens wahr.

„Weltende" verleiht dem Gefühl eines allgemeinen Umbruchs Ausdruck. Das Gedicht ist ein Abgesang auf die bürgerliche Welt des späten wilhelminischen Zeitalters, auf gesellschaftliche Übereinkünfte und Gewissheiten, die morsch geworden waren. Motivisch nimmt Jakob van Hoddis dabei Anleihen bei zeitgenössischen Katastrophen und Ängsten – herrschte 1910 doch weithin Untergangsstimmung, weil der Komet Halley auf Kollisionskurs nahte.

Van Hoddis aber lässt den beschworenen „Sturm" gleich wieder ins Leere laufen. Mit sprachlichen Mitteln gibt er die Dramatik irritierender Lächerlichkeit preis. So gehen stürzende Dachdecker „entzwei", als ob es sich um Geschirr handele. Und wenn die aufgewühlten Meere „hupfen", nähert sich der Ton der Kindersprache an. Formal hält sich der Dichter an Überkommenes. Es wird gereimt, auch die Metrik mit ihrem steten Wechsel von Senkung und Hebung in fünffacher Folge ist konventionell. Neu hingegen der Stil, in dem das Thema sich entfaltet. Außer am Beginn von Strophe zwei wechseln die aufgerufenen Bilder von Zeile zu Zeile, sodass die Szenen sich zu einer Collage unvermittelt aneinandergereihter Eindrücke fügen – ein Verfahren, das dann auch andere Dichter des Expressionismus aufgriffen.

Von Jakob van Hoddis sind über 200 Gedichte bekannt, doch keines von ihnen erreichte die Bekanntheit von „Weltende". Das Gedicht markiert zugleich den Höhepunkt im Schaffen des Lyrikers, denn schon 1912 machte sich bei ihm eine psychische Erkrankung bemerkbar. Er wurde pflegebedürftig und kam in Kliniken. Den jüdischstämmigen Kranken, der eigentlich Hans Davidsohn hieß, deportierten die Nazis nach Polen, wo er – höchstwahrscheinlich im Vernichtungslager Sobibór – ermordet wurde.

Stefan Dosch

Tristan

Wer die Schönheit angeschaut mit Augen,
Ist dem Tode schon anheimgegeben,
Wird für keinen Dienst auf Erden taugen,
Und doch wird er vor dem Tode beben,
Wer die Schönheit angeschaut mit Augen!

Ewig währt für ihn der Schmerz der Liebe,
Denn ein Tor nur kann auf Erden hoffen,
Zu genügen einem solchen Triebe:
Wen der Pfeil des Schönen je getroffen,
Ewig währt für ihn der Schmerz der Liebe!

Ach, er möchte wie ein Quell versiechen,
Jedem Hauch der Luft ein Gift entsaugen,
Und den Tod aus jeder Blume riechen:
Wer die Schönheit angeschaut mit Augen,
Ach, er möchte wie ein Quell versiechen!

Liebe und Tod sind nicht zu trennen

August von Platen hat in seinem gerade mal 39 Jahre währenden Leben eine Vielzahl von Gedichten geschrieben. Doch die Lyrik des 1796 zu Ansbach geborenen Adelssprosses hat die Zeit schlecht überdauert. Am ehesten noch kennt man von dem glühenden Italien-Liebhaber – im sizilianischen Syrakus ist er begraben – die „Sonette aus Venedig". Und, vor allem, das Gedicht „Tristan", über das schon Thomas Mann, Verehrer Platens, befand, es enthalte die „Ur- und Grundformel" für Leben und Werk des Dichters.

„Tristan" entstand 1825 in einer ungewöhnlichen Situation. Platen, damals noch im Militärdienst, war mit Verspätung aus einem Italien-Urlaub zurückgekehrt und daraufhin mit Arrest belegt worden. Während des Gewahrsams trug er sich mit Plänen zu einem Tristan-und-Isolde-Drama, das jedoch nie konkrete Formen annahm. Wohl aber ging aus der Beschäftigung mit dem Stoff das „Tristan"-Lied hervor.

Tristan und Isolde können nur im Tod zueinanderfinden; sie sind das Liebespaar, in dem Eros und Thanatos verschmelzen. Davon – und nicht von liebenden Personen – handelt das Gedicht. Und dass Eros, Liebe, Schönheit wesenhaft verflochten sind mit dem Tod, das lässt Platen hier buchstäblich Form werden. In außergewöhnlicher Weise umfangen sich Verse und Strophen: In jeder der Strophen wird der jeweils zweite Vers vom Reim der ersten und dritten Zeile umschlossen, Gleiches gilt für den vierten Vers durch die Zeilen drei und fünf – wobei der fünfte Vers den Umgriff nochmals steigert, indem er eine Wiederholung des ersten ist. Die vorletzte Zeile des Gedichts bildet eine weitere, nun alle drei Strophen umfassende Klammer – wird doch noch einmal der Anfangsvers aufgerufen.

Nicht aufzulösen ist die Frage, wer in diesem Gedicht eigentlich spricht. Tristan? Man geht wohl nicht fehl in der Annahme, die Verse auch als Niederschlag von Platens eigener geistig-seelischer Haltung zu verstehen. In einem Bild wie dem „Pfeil des Schönen" schwingt Platens eigene Homoerotik mit, die offen zu leben ihm nicht möglich war. Statt dessen die Überhöhung des Eros in die Sphäre reiner Schönheit, was ihr – weil unerreichbar – die Macht zu tödlicher Verwundung verleiht. Aber auch großer Kunst maß Platen die Fähigkeit zu, durch ihre Schönheit Pfeile auszusenden, vor denen man, wenn schon nicht zugrunde gehen, zumindest – eine Wortschöpfung des Dichters – „versiechen" mag.

Platen – sein bekanntestes Porträt stammt vom Augsburger Maler Moritz Rugendas – hat „Tristan" nicht sonderlich geschätzt, meinte gar, am „lyrischen Talent" zweifeln zu müssen. Der Dichter, soviel steht fest, hat sich geirrt.   *Stefan Dosch*

RAINER MARIA RILKE

Archaischer Torso Apollos

Wir kannten nicht sein unerhörtes Haupt
darin die Augenäpfel reiften. Aber
sein Torso glüht noch wie ein Kandelaber,
in dem sein Schauen, nur zurückgeschraubt,

sich hält und glänzt. Sonst könnte nicht der Bug
der Brust dich blenden, und im leisen Drehen
der Lenden könnte nicht ein Lächeln gehen
zu jener Mitte, die die Zeugung trug.

Sonst stünde dieser Stein entstellt und kurz
unter der Schultern durchsichtigem Sturz
und flimmerte nicht so wie Raubtierfelle;

und bräche nicht aus allen seinen Rändern
aus wie ein Stern: denn da ist keine Stelle,
die dich nicht sieht. Du mußt dein Leben ändern.

Warum du dein Leben ändern musst

In den Pariser Jahren von Rainer Maria Rilke zu Beginn des 20. Jahrhunderts entstand das Dinggedicht „Archaischer Torso Apollos". Als Grundlage für das Sonett diente Rilke ein Torso, den er im Louvre gesehen hatte. Was ihn dort ansprang, war die antike idealtypische Darstellung eines jungen Manns, ein Torso, der damals dem Gott Apollon zugeschrieben wurde. Was Rilke aus der Begegnung macht, gehört zu den großen Werken der Dichtkunst.

In höchster formaler Strenge verfasst Rilke sein Sonett und lässt es mit größtmöglichem Ausbruch in den letzten beiden Versen enden; Verse, die den Leser anspringen: „Denn da ist keine Stelle, die dich nicht sieht. Du musst dein Leben ändern."

Dieses Ende zwingt dazu, das Gedicht wieder zu lesen. Worum geht es? Doch um einen Torso, eine Skulptur, also ein Ding! Aber wer fordert den Leser dann dazu auf, sein Leben zu ändern? Dieser Torso, also ein von Menschenhand geschaffenes Kunstwerk oder am Ende doch Apollon selbst, der im Torso zu göttlichem Leben erwacht? Oder spricht am Schluss die Kunst selbst, die das Dingliche zum Leben erwecken kann, dergestalt, dass der behauene Stein, der Körper ohne Kopf, sein Gegenüber betrachten kann und es herausfordert?

Das Fragment, um die Jahrhundertwende, um 1900 noch ein Kunstwerk zweiter Ordnung, weil es unfertig oder – wie im Fall dieser Plastik – im Verlauf der Jahrhunderte beschädigt worden ist, befreit Rilke in seinem Gedicht von dem grundsätzlichen Mangel, nämlich dem Fehlen von Teilen. In den Versen scheint die Skulptur komplett: Da ist ein Haupt, weil die Augen, aus denen es geschaut hat, noch im Torso zu spüren sind. Die Skulptur ist auch als Torso in ihrem Kern intakt geblieben. Sie trägt etwas in sich, das jenseits aller Stofflichkeit mit dem Betrachter in Austausch gerät. „Denn da ist keine Stelle, die dich nicht sieht." Und dieses Sehen, dieses Gesehen-Werden mündet in den unerhörten Schluss: „Du musst dein Leben ändern."

Solches Betrachten, solche Mahnung spricht man gemeinhin Gott zu. Er ist der Allwissende, der Allsehende; er ist es, der den Menschen dazu auffordert, sich zu ändern. Rilke lässt diesen Gott dort auftauchen, dort sprechen, wo er gemeinhin nicht vermutet wird, im leblosen, beschädigten Stein. Die Verse bringen diesen zum Leuchten, zum Glänzen. Schließlich wird er transparent: „Unter der Schultern durchsichtigem Sturz". Der Vers wird durch seinen Ausbruch aus dem ansonsten jambischen Versmaß besonders betont. Zu dieser Art von Hindurchsehen möchte das Gedicht anleiten. So ist es einerseits pädagogisch und andererseits bei aller Kunstvermittlung ein Meisterwerk. *Richard Mayr*

ANDREAS GRYPHIUS

Abend

Der schnelle Tag ist hin/die Nacht schwingt ihre Fahn/
Und führt die Sternen auff. Der Menschen müde Scharen
Verlassen Feld und Werck/wo Thir und Vögel waren
Traurt itzt die Einsamkeit. Wie ist die Zeit verthan!
Der Port naht mehr und mehr sich zu der Glider Kahn.
Gleich wie diß Licht verfil/so wird in wenig Jahren
Ich/du/und was man hat/und was man siht/hinfahren.
Diß Leben kömmt mir vor als eine Renne-Bahn.
Laß höchster Gott/mich doch nicht auff dem Lauffplatz gleiten/
Laß mich nicht Acht/nicht Pracht/nicht Lust nicht Angst verleiten!
Dein ewig-heller Glantz sey vor und neben mir/
Laß/wenn der müde Leib entschläfft/die Seele wachen
Und wenn der letzte Tag wird mit mir Abend machen
So reiß mich aus dem Thal der Finsternüß zu dir.

Man muss die Welt zu deuten wissen

„Abend" ist das dritte Gedicht eines vierteiligen Zyklus, den Andreas Gryphius (1616 bis 1664) den Tageszeiten gewidmet hat. Es beginnt, wie man es sich vom gesetzten Thema nicht anders erwartet: Mit einer stimmungsvollen Situationsbeschreibung vom Tagesende, wenn es dunkel wird und der Mensch sein Tagwerk einstellt. Doch dann blendet der Dichter weg von den sichtbaren Phänomenen und kommt auf anderes zu sprechen.

Das Gedicht ist in der Form des Sonetts geschrieben, was auch im hier wiedergegebenen Schriftbild des Erstdrucks von 1650 nicht schwer an der Reimfolge zu erkennen ist: 14 Verszeilen, aufgeteilt in zwei Quartette zu je vier Versen und zwei dreizeilige Terzette. Gryphius nutzt diese Form, um Schritt für Schritt sein eigentliches Thema zu entwickeln, ein Verfahren, das ganz der Poetik des Barockzeitalters entsprach: dass nämlich der zu fassende Gegenstand in der ihm gemäßen Form präsentiert werden müsse.

Nach der Schilderung der empirisch erfahrbaren Welt, der sichtbaren Erscheinung des Abends in den ersten vier Versen erweitert Gryphius im folgenden Quartett den Radius. Der Abend des Tages wird zum Verweis auf den Abend des Lebens, auf den Tod im Bild des Lebenshafens („Port"). Von diesem Fluchtpunkt aus gesehen erscheint das Leben in veränderter Perspektive: Als vergängliche Existenz, die in rascher Bewegung – die „Renne-Bahn" spiegelt diagonal über die Quartette hinweg den „schnellen Tag" – auf das unausweichliche Ende zusteuert.

Wie umgehen mit dieser Erkenntnis? Gryphius gibt Antwort in der zweiten Hälfte seines Gedichts. Ein Ausweg aus der Misere ist nur mit Gottes Hilfe möglich. Nur mit seinem Beistand gelingt es, dem Trugbild einer Erfüllung im Irdischen („nicht Pracht/nicht Lust") ebenso zu entgehen wie der Ohnmacht durch Angst und Weh. Der Hinweis auf die Transzendenz, den Gryphius hier in Form eines Gebets formuliert („Laß..."), führt im letzten Terzett an das eigentliche Ziel: Dem Gläubigen ist das Heil versprochen, das nach Ablauf des „letzten Tages" einsetzt und den Menschen in den Zustand eines immerwährenden Morgens versetzt.

Ausgehend vom Besonderen (dem Abend eines Tages) und hinführend zum Allgemeinen (dem himmlischen Heil) entwirft Gryphius in strengem argumentativen, virtuos der Sonettstruktur folgenden Aufbau ein Bild von der Stellung des Menschen in der Schöpfung. Dass in den Zeichen der Welt das Jenseits erkannt sein will, ist eine zutiefst barocke Vorstellung, die jedoch nicht Wunder nimmt, wenn man sich vor Augen hält, dass bei Erscheinen des Gedichts der Dreißigjährige Krieg noch in allen Köpfen war. *Stefan Dosch*

EDUARD MÖRIKE

Verborgenheit

Laß, o Welt, o laß mich sein!
Locket nicht mit Liebesgaben,
Laßt dies Herz alleine haben
Seine Wonne, seine Pein!

Was ich traure weiß ich nicht,
Es ist unbekanntes Wehe;
Immerdar durch Tränen sehe
Ich der Sonne liebes Licht.

Oft bin ich mir kaum bewußt,
Und die helle Freude zücket
Durch die Schwere, so mich drücket
Wonniglich in meiner Brust.

Laß, o Welt, o laß mich sein!
Locket nicht mit Liebesgaben,
Laßt dies Herz alleine haben
Seine Wonne, seine Pein!

Das Lied von der Weltabkehr

Was für eine seltsam dringliche Bitte eröffnet dieses Gedicht! Fremd und fern klingt sie unseren Ohren. Gieren wir nicht geradezu nach der Welt? Können wir nicht genug von ihr kriegen? Lassen wir uns nicht sogar von sogenannten Event-Managern und Animateuren die „großen Erlebnisse" einreden? Dabeisein ist alles…

Eduard Mörikes Gedicht „Verborgenheit" (1832) spricht eine andere Sprache. Hier hat einer genug von der Welt, und zwar nicht, weil sie ihm so viel Schrecken und Leid zugefügt hat, sondern der verlockenden „Liebesgaben" wegen. Diese sind ja kein reiner Genuss, sondern mit Forderungen und Ablenkungen verbunden. Sie bedrängen das Herz, setzen es in Unruhe. Rückzug, Weltentsagung, Abgrenzung – in diesen Motiven mag noch die Tradition christlicher Weltflucht mitschwingen. Doch es wäre voreilig, Mörike (1804 bis 1875) deswegen kurzerhand dem Biedermeier zuzurechnen, jener Zeit, die gemeinhin mit einer gewissen Zipfelmützigkeit und seelischen Behaglichkeit gleichgesetzt wird.

Dem widerspricht das Gedicht. Es steht unter einer schwer zu fassenden inneren Spannung, einem heftig mit sich ringenden Fühlen. Die „Wonne" ist der „Pein" verschwistert, das Licht der Sonne erscheint nur durch den Tränenflor, die „Freude" ist nicht ohne „Schwere" zu genießen. Mehr noch, es zeichnet sich fast so etwas wie existenzielle Verlorenheit ab: „Was ich traure weiß ich nicht, / Es ist ein unbekanntes Wehe". (In diesen zwei Zeilen lebt das unerfüllte Sehnen der Romantik auf.) Und doch – bei aller schwermütigen Grundierung – obsiegen nicht Verzweiflung und Selbstaufgabe, sondern gerade der Wunsch, im Rückzug von der Welt zu einem starken Ich zu gelangen, das den gegensätzlichen Stimmungen nicht ausgeliefert ist, sondern sie auszuhalten vermag. Anders gesagt: Das Gedicht setzt einen Rahmen, der die widerstrebenden Gefühle einfasst. So bändigt Mörike jene seelische Zerrissenheit, wie sie uns in Heinrich Heines Gedichten immer wieder begegnet.

Die Absage an die Welt ist die Voraussetzung für die Einkehr in die Psyche, ja für die dichterische Produktivität. Der schöpferische Funke klingt an in der Zeile „Und die helle Freude zücket". Der Dichter gewinnt sein Selbstverständnis in seiner ureigenen Welt, die er freilich immer ein Stück weit der Verborgenheit entreißen muss.

Von Weltabkehr „spricht" auch die Form des Gedichts. Strophe eins und vier sind identisch. Sie grenzen die liedhaften Verse gegen die Außenwelt ab. Die in sich geschlossene Komposition wird überdies durch den jeweils umarmenden Reim (abba) gestützt. *Günter Ott*

CHRISTIAN MORGENSTERN

Die unmögliche Tatsache

Palmström, etwas schon an Jahren,
wird an einer Straßenbeuge
und von einem Kraftfahrzeuge
überfahren.

„Wie war" (spricht er, sich erhebend
und entschlossen weiterlebend)
„möglich, wie dies Unglück, ja –:
daß es überhaupt geschah?

Ist die Staatskunst anzuklagen
in bezug auf Kraftfahrwagen?
Gab die Polizeivorschrift
hier dem Fahrer freie Trift?

Oder war vielmehr verboten,
hier Lebendige zu Toten
umzuwandeln, – kurz und schlicht:
D u r f t e hier der Kutscher nicht –?"

Eingehüllt in feuchte Tücher,
prüft er die Gesetzesbücher
und ist alsobald im klaren:
Wagen durften dort nicht fahren!

Und er kommt zu dem Ergebnis:
„Nur ein Traum war das Erlebnis.
Weil", so schließt er messerscharf,
„nicht sein k a n n, was nicht sein d a r f."

Das Leben: ein Traum

Die beiden letzten Verse des Gedichts haben es zu Berühmtheit gebracht, sind sie doch Redewendung geworden, eine Nobilitierung, die auf dem Feld der Lyrik nicht alle Tage der Fall ist. Wer aber ist dieser Palmström, dem die Zeilen in den Mund gelegt sind und der überhaupt in allen sechs Strophen seinen Auftritt hat?

Christian Morgenstern, 1871 in München geboren und nach einem krankheitsbedingt kurzen Leben 1914 in Meran gestorben, hat unter den Namen „Palmström" eine Sammlung von Gedichten gestellt, in deren Mehrzahl er den so Genannten in den Mittelpunkt stellt. Wer nun lediglich „Die unmögliche Tatsache" kennt, der könnte meinen, bei Palmström handele es sich um einen Erzphilister und Obrigkeitsfetischisten. Morgenstern aber hat, wie aus den weiteren Gedichten hervorgeht, die Figur vielschichtiger gezeichnet – als einen Kauz, den skurriler Tatendrang und spitzfindige Schläue ebenso auszeichnen wie Empfindsamkeit und philosophischer Erkenntnisdrang. Durchaus ist Palmström einer, der Sympathie verdient.

Das flotte Tempo der lyrischen Rede, vor allem hervorgerufen durch das mit Hebung beginnende trochäische Versmaß, verdeckt die Kunstfertigkeit des Gedichts. Wortwahl und Reimfügungen besitzen humoristische, teils auch satirische Aufladung, die jedoch höchst subtil gehandhabt ist. Es herrscht ein leichter Ton vor, nirgendwo wird grimmig aufgespießt. Mit viel Feinsinn ins Werk gesetzt ist hier nebenbei eine verkappte Parodie auf Bürokratensprache, die gerade im späten Deutschen Kaiserreich, erschienen sind die „Palmström"-Gedichte erstmals 1910, in satter Blüte stand. Man hört es regelrecht von Amts wegen wiehern in Formulierungen wie „in Bezug auf", „Lebendige zu Toten umzuwandeln" und natürlich auch dort, wo „messerscharf" ein Schluss herbeigeführt wird.

Wie gesagt, diese beiden letzten Verse relativieren sich, wenn man sie im Kontext der gesamten „Palmström"-Dichtung liest. Entscheidender nämlich als die Erkenntnis, dass das Sein-Können aus dem Dürfen abzuleiten sei, ist die Konsequenz, das auslösende Unfallerlebnis in die Traumwelt zu verweisen – in eine Welt, die seit jeher das Reich der Poeten ist. Palmström verfällt eben nicht darauf, was wohl jeder andere bei solcher Gesetzeslage tun würde, nämlich sein Recht vor Gericht einzuklagen. Nein, Palmström entzieht sich den Schaltkreisen des realen Lebens und verlegt Teile daraus in eine eigengesetzliche Welt. Träume existieren: Seinem Schöpfer Christian Morgenstern, der ein ähnlich – wenn auch leidensbedingt unfreiwillig – zurückgezogenes Leben führte, ist Palmström damit wesensnah. *Stefan Dosch*

GEORG TRAKL

Kaspar Hauser Lied

Er wahrlich liebte die Sonne, die purpurn den Hügel hinabstieg,
Die Wege des Walds, den singenden Schwarzvogel
Und die Freude des Grüns.

Ernsthaft war sein Wohnen im Schatten des Baums
Und rein sein Antlitz.
Gott sprach eine sanfte Flamme zu seinem Herzen:
O Mensch!

Stille fand sein Schritt die Stadt am Abend;
Die dunkle Klage seines Munds:
Ich will ein Reiter werden.

Ihm aber folgte Busch und Tier,
Haus und Dämmergarten weißer Menschen
Und sein Mörder suchte nach ihm.

Frühling und Sommer und schön der Herbst
Des Gerechten, sein leiser Schritt
An den dunklen Zimmern Träumender hin.
Nachts blieb er mit seinem Stern allein;
Sah, daß Schnee fiel in kahles Gezweig
Und im dämmernden Hausflur den Schatten des Mörders.

Silbern sank des Ungebornen Haupt hin.

Der Schatten des Mörders

Kaspar Hauser bleibt, trotz Hunderter von Untersuchungen und Artikel, trotz genetischer Analysen, ein Rätsel. Der Satz des „Caspar Hauser"-Romanciers Jakob Wassermann gilt noch heute. Er sprach vom „Emportauchen eines märchenhaften Geschöpfs aus dem dunklen Nirgendwo". Was wissen wir von dem jungen Mann? Dass er, als etwa 16-Jähriger, am 26. Mai 1828, nachmittags in Nürnberg aufgefunden, dass er fünf Jahre später in Ansbach von einem Unbekannten mit dem Messer tödlich verletzt wurde und am 17. Dezember 1833 verstarb.

Georg Trakl (1887 bis 1914) schrieb sein Gedicht in „schwerer Zeit", nämlich 1913 in Innsbruck. In einem Brief von 1912 klagt er über die „brutalste und gemeinste Stadt", und er endet mit dem Bekenntnis: „Ich werde endlich doch immer ein armer Kaspar Hauser bleiben." Sicher spiegelt sich das Schicksal des Autors in der Hauser-Figur. Doch die Verse gehen über das Biografische weit hinaus. Zeilen und Strophen sind unterschiedlich lang, Reim und Versmaß fehlen. Der Reihungsstil steht quer zum erwarteten „Lied", er zeigt einen Verlust an. Man könnte, liest man die ersten beiden Strophen, fast von einer Vertreibung aus dem Paradies sprechen. Kaspar Hauser steht anfangs im Einklang mit der Schöpfung. Das wird gleichsam biblisch bezeugt durch das Wort „wahrlich". Doch ebenso von Anfang an bricht Trakl die Harmonie: Die Sonne geht unter; „Schwarzvogel" (Amsel) und Baumschatten eröffnen eine Wortkette, die über die „dunkle Klage", den „Dämmergarten", die „dunklen Zimmer" und den „dämmernden Hausflur" auf das tödliche Unheil, den „Schatten des Mörders", zuläuft. Die Weite und der freudvoll-freie Umgang mit der Natur tragen wohl auch den Wunsch Kaspar Hausers: „Ich will ein Reiter werden." Der Gleichklang mit der Schöpfung wird vor allem durch den Gotteszuspruch („O Mensch!") und durch die Orpheus-Analogie („Ihm aber folgte Busch und Tier") nobilitiert.

Doch im Weiteren verengt sich die Perspektive auf Haus und Mensch, auf Kälte und Einsamkeit. Das Lied wandelt sich, wie so oft bei Trakl, zur Passion. Die großartige letzte, doppelt alliterierende Zeile beschwört Leid und Tod. Hier ist keine Erlösung (trotz des möglichen Bezugs auf Jesu Sterben „Und neigte das Haupt und verschied").

Das Gedicht gipfelt im „Ungeborenen". Damit spricht Trakl von sich selbst, aber auch von den „ungeborenen Enkeln" (siehe sein „Grodek"-Poem), ja überhaupt von allen, denen die Menschwerdung im Leben verwehrt ist. Ebendiese Identitätsfindung und Menschwerdung mahnt das Gedicht an. Darin ist es seiner Zeit voraus.   *Günter Ott*

STEFAN GEORGE

An baches ranft

An baches ranft
Die einzigen frühen
Die hasel blühen.
Ein vogel pfeift
in kühler au.
Ein leuchten streift
erwärmt uns sanft
und zuckt und bleicht.
Das feld ist brach .
der baum noch grau...
Blumen streut vielleicht
der lenz uns nach.

Sprache, ganz wie die Natur

Das lyrische Werk von Stefan George (1868 bis 1933) gilt gemeinhin als verschlossen, zugänglich nur, wenn man in die Gefühls- und Gedankenwelt dieses Dichters vorzudringen gewillt ist. Für manche Strecke in Georges umfangreichem lyrischem Schaffen mag das gelten. Doch es gibt Gedichte, die auch ohne solches Rüstzeug sich mitteilen. Dazu gehört das hier vorgestellte, das 1907 in der Sammlung „Der Siebente Ring" erschien.

Lyrik ist generell gekennzeichnet durch Verknappung der Sprache ohne Verlust an Ausdruck. Im Gegenteil, in einem Dichtkunstwerk führt die Verknappung gerade zur Steigerung des Ausdrucks. Georges kleines Gedicht kann hierfür als Muster gelten. Auch deshalb, weil sich hier nicht nur auf der Ebene der Wortbedeutung, sondern schon in der Quantität der Worte der Inhalt des Gedichts abbildet. Eine Vorfrühlingsszene: Noch ist die Natur nicht erwacht, noch liegt sie, wie es im neunten Vers heißt, „brach" – eine Situation, die George spiegelt durch äquivalenten Umgang mit Sprache. Aus den Bildern spricht die jahreszeitliche Dürftigkeit.

Das Gedicht umfasst zwölf Verse, die allesamt, den vorletzten ausgenommen, mit lediglich zwei Hebungen auskommen. Vier Silben je Vers sind die Regel, zweimal gibt es fünf, einmal sechs – viele Worte werden hier nicht gemacht zur Darstellung der kargen äußeren Szenerie („ranft" übrigens ist ein kaum mehr gebrauchtes Wort für „Rand"). Auch aus den aufgerufenen Bildern – der früh blühende Haselstrauch, ein einzelner Vogel, die kühle Temperatur – spricht die jahreszeitliche Dürftigkeit.

Mit Beginn der zweiten Hälfte des Gedichts wird durch das Pronomen „uns" eine – wenngleich unbestimmte – fühlende Stimme eingeführt, wodurch die Natur eine Anbindung an menschliche Empfindung erfährt. In dem „leuchten", das „erwärmt", flackert unbestimmte Hoffnung auf nach frühlingshafter Erneuerung – eine Hoffnung, die zunächst einmal trügerisch ist, die „zuckt und bleicht".

Sie kehrt wieder am Schluss des Gedichts, jetzt deutlicher orchestriert: Das Blumen-Bild zielt unverkennbar aufs menschlich Existenzielle, und die Dringlichkeit des Hoffens ist dadurch signalisiert, dass Vers elf insofern aus der Reihe fällt, als er ohne Auftakt, also gleich mit einer Hebung einsetzt. Außergewöhnlich die Reimordnung des Gedichts. Es gibt sechs Reimpaare, die jedoch ganz uneinheitlich über die zwölf Verse ausgestreut sind. Während die Zeilen zwei und drei einen Paarreim bilden, findet etwa Vers eins sein Reimgegenstück erst nach fünf dazwischenliegenden Versen. Unregelmäßige (Reim-)Regelmäßigkeit, und das auf knappstem Raum.

Stefan Dosch

JOHANN WOLFGANG GOETHE

Erlkönig

Wer reitet so spät durch Nacht und Wind?
Es ist der Vater mit seinem Kind;
Er hat den Knaben wohl in dem Arm,
Er faßt ihn sicher, er hält ihn warm.

Mein Sohn, was birgst du so bang dein Gesicht? –
Siehst Vater, du den Erlkönig nicht?
Den Erlenkönig mit Kron und Schweif? –
Mein Sohn, es ist ein Nebelstreif. –

„Du liebes Kind, komm, geh mit mir!
Gar schöne Spiele spiel ich mit dir;
Manch bunte Blumen sind an dem Strand,
Meine Mutter hat manch gülden Gewand.“

Mein Vater, mein Vater, und hörest du nicht,
Was Erlenkönig mir leise verspricht? –
Sei ruhig, bleibe ruhig, mein Kind;
In dürren Blättern säuselt der Wind. –

„Willst, feiner Knabe, du mit mir gehn?
Meine Töchter sollen dich warten schön;
Meine Töchter führen den nächtlichen Reihn
Und wiegen und tanzen und singen dich ein.“

Mein Vater, mein Vater, und siehst du nicht dort
Erlkönigs Töchter am düstern Ort? –
Mein Sohn, mein Sohn, ich seh es genau:
Es scheinen die alten Weiden so grau. –

„Ich liebe dich, mich reizt deine schöne Gestalt;
Und bist du nicht willig, so brauch ich Gewalt.“
Mein Vater, mein Vater, jetzt faßt er mich an!
Erlkönig hat mir ein Leids getan! –

Dem Vater grauset's, er reitet geschwind,
Er hält in den Armen das ächzende Kind,
Erreicht den Hof mit Mühe und Not;
In seinen Armen das Kind war tot.

Verführung und Untergang

Gedichte sind Text-Partituren. Sie wollen im lauten Vortrag als Klanggebilde entdeckt werden, noch bevor man sich über ihre Bedeutung den Kopf zerbricht.

Franz Schubert hat Goethes „Erlkönig" 1815 vertont. Da war er gerade 18. Ein Zeitgenosse berichtet: „Wir fanden Schubert ganz glühend, den ‚Erlkönig' aus einem Buche laut lesend." Die vertonten Goethe-Verse machten den Namen des jungen Komponisten weit über Wien hinaus bekannt. Und sie trugen zum Ruhm des Gedichtes bei: Es wurde zum meist bearbeiteten Kunstlied des 19. Jahrhunderts.

Goethe schrieb die balladesken Verse 1782 in Weimar. Der – eigentlich falsche – Titel geht auf einen Übersetzungsfehler Johann Gottfried Herders zurück, der aus einer dänischen Volksballade mit dem Titel ellerkonge (Elfenkönig) den „Erlkönig" machte. „So spät", „Nacht", „Wind" – schon die erste Zeile (im verwunderten Fragegestus) verheißt nichts Gutes. Warum ist der Vater mit dem Kind um diese Zeit unterwegs? Manches spricht für einen Notfall – und im Weiteren für Fieberfantasien des Kindes. Aber eindeutig ist hier nichts. Gedichte halten stets auf das Unausgesprochene zu.

Noch sind in Strophe eins Vater und Kind eine Einheit. Doch diese wird schon in der zweiten Strophe aufgekündigt. Fantasie und Rationalität treten unversöhnlich auseinander. Was dem Kind der „Erlkönig", ist dem Vater „ein Nebelstreif"; was das Kind als direkte, einschmeichelnde Rede des Erlkönigs vernimmt, „erklärt" der Vater als säuselnden Wind…

Wer ist hier geblendet? Das Kind oder der Vater? Entscheidend ist, dass in diesem Gedicht die in der Daseinsfreude gipfelnde Gemeinschaft mit der Natur, wie sie Goethe noch 1771 im „Mailied" („Wie herrlich leuchtet / Mir die Natur!") zerbrochen ist. Naturmagie schlägt in Angst und Grauen um. Naturempfindung und Naturwahrnehmung treten auseinander. Die hochmusikalisch instrumentierten Verlockungen führen geradewegs in Untergang und Tod. „Gar schöne Spiele spiel ich mit dir"; „Und wiegen und tanzen und singen dich ein" – diese Verse sind reine Melodie.

Die Brüche zwischen Fantasie und Verstand, zwischen Lust und Gewalt (kulminierend im unübertrefflichen „jetzt faßt er mich an!") schmilzt Goethe in einen leicht von der Zunge gehenden, volksliedhaften Ton (mit Paarreimen) ein. Die Dramatik des Ritts durch eine dämonisierte Natur (siehe allein die beschwörenden Rufe „Mein Sohn" beziehungsweise „Mein Vater") wird durch das zwischen Jambus (unbetont / betont) und Daktylus (betont / zweimal unbetont) wechselnde Versmaß beschleunigt und unerbittlich auf das tödliche Ende zugetrieben.

Günter Ott

JOSEPH VON EICHENDORFF

Frühling

*Und wenn die Lerche hell anstimmt
Und Frühling rings bricht an:
Da schauert tief und Flügel nimmt,
Wer irgend fliegen kann.*

*Die Erde grüßt er hochbeglückt,
Die, eine junge Braut,
Mit Blumen wild und bunt geschmückt,
Tief in das Herz ihm schaut.*

*Den Himmel dann, das blaue Meer
Der Sehnsucht, grüßt er treu,
Da stammen Lied und Sänger her
Und spüren's immer neu.*

*Die dunkeln Gründe säuseln kaum,
Sie schaun so fremd herauf.
Tiefschauernd fühlt er, 's war ein Traum –
Und wacht im Himmel auf.*

Wo Lied und Lerche wohnen

Der Frühling macht alles neu. Es ist die Zeit des Aufbruchs. Und wenn man eine Epoche mit dem Aufbruch verbindet, dann ist es die Romantik. Nur, diesmal geht es nicht, wie in so vielen Wanderliedern und -romanen der Zeit, in Täler und Ebenen, zum Schloss auf die Höhe oder hinein ins ewige Rauschen der Wälder – es geht nach oben.

Die Lerche, die mit ihrem hellen Ton auf das Erwachen der Natur einstimmt, verleiht dem Menschen Flügel. „Flügel nimmt", wer Fantasie hat. Wer verfügt über diese sich über alle Grenzen hinwegsetzende Gabe? In erster Linie der Sänger-Dichter. Stimuliert vom Aufstieg und Gesang der Lerche, erhebt er seine Stimme. Wer ein Gedicht wie Eichendorffs „Frühling" (1837) liest, steigt in den Himmel auf, dahin, wo Lied und Lerche und Sänger herkommen. Das Einssein zwischen dem Himmel und der bräutlich geschmückten Erde, in Strophe 2 und 3 zum hochzeitlichen Liebesglück gesteigert und durch das doppelte „grüßt" verklammert, ist allerdings – ein Traum. Der vorletzte Vers gibt der Lektüre des Gedichts eine andere, weniger erhebende Wendung. Der beglückende Aufschwung der Fantasie nimmt eine ambivalente Färbung an.

Sind hier Wach- und Traumzustand noch zu scheiden? Mag man den Ausdruck „schauert tief" in der ersten Strophe noch akustisch, hervorgerufen durch Lerche und Frühling, als Wonneschauer verstehen, so weist „tiefschauernd" in der letzten Strophe auf jene „dunklen Gründe", aus denen so sirenenhafte wie in den Untergang lockende Töne aufsteigen. An anderer Stelle hat Eichendorff (1788 bis 1857) die Gefahr der „tausend Stimmen im Grund" heraufbeschworen.

Die Abgründe sind unweigerlich an die Aufwärtsbewegung gekoppelt; der Wonne entspricht das Angstgefühl, das hochfliegende Vermögen (hochbeglückt, Himmel) dem Absturz in die Tiefe (dunkle Gründe). Der Dichter weiß um den Aufschwung der Fantasie, aber auch um ihre Gefährdung. Dem Flügelschlag der Poesie ist das schmerzliche Bewusstsein der Erdenschwere beigegeben.

In Eichendorffs „Frühling" schwingt eine religiöse Ahnung mit. Der Himmel, durch den einzigen Zeilensprung exponiert („das blaue Meer der Sehnsucht"), erscheint als die wahre Heimat all der suchenden und sich immer wieder verirrenden Wandergesellen.

An diesem Sehnsuchtsort endet das Gedicht. Das mag mancher als glückliche Fügung empfinden. Doch das pointierte Gegeneinander von Traum und Aufwachen in den Schlusszeilen (zumal auch von Präsens und Präteritum) führt wieder zurück in die allgemeine Verunsicherung. *Günter Ott*

SIBYLLA SCHWARZ

Ist Lieb ein Feur

Ist Lieb ein Feur/und kan das Eisen schmiegen/
bin ich voll Feur/und voller Liebes Pein/
wohrvohn mag doch der Liebsten Hertze seyn?
wans eisern wär/so würd eß mir erliegen/
wans gülden wär/so würd ichs können biegen
durch meine Gluht; solls aber fleischern seyn/
so schließ ich fort: Eß ist ein fleischern Stein:
doch kan mich nicht ein Stein/wie sie/betriegen.
Ists dan wie Frost/wie kalter Schnee und Eiß/
wie presst sie dann auß mir den Liebesschweiß?
Mich deucht: Ihr Herz ist wie die Loorberblätter/
die nicht berührt ein starcker Donnerkeil/
sie/sie verlacht/Cupido/deine Pfeil;
und ist befreyt für deinem Donnerwetter.

Verse eines „zarten Jungfräwleins"

Sie ist eine der anrührendsten Erscheinungen der deutschen Dichtkunst: Sibylla Schwarz, geboren 1621 in Greifswald. Schon als Zehnjährige soll sie mit dem Schreiben von Gedichten begonnen haben. Viel Zeit blieb ihr nicht: 17-jährig starb Sibylla 1638 an der Ruhr. Ihre Gedichte wurden erst nach ihrem Tod veröffentlicht – über 200!

Das vorliegende Sonett ist ein Rollen-Liebesgedicht: Gesprochen aus der Perspektive eines Mannes, der sich den Kopf zerbricht über eine Angebetete, konkreter: über die Materialität ihres Herzens. Die Favoritin will nämlich nicht im selben Maße in Flammen stehen wie er selbst. Von eben dieser Empfindung, dass „Lieb ein Feur" ist, geht das Gedicht argumentativ aus und steckt damit zugleich den Rahmen für die aufzurufenden Bilder ab.

Weil Feuer Metall zu schmelzen vermag, kann das starre Herz der Geliebten nicht daraus geschaffen sein. Auch der erwogene „fleischerne Stein" wird verworfen (im Wort „betriegen" schwingt die alte Bedeutung von „verlocken" mit): Nein, ein Stein vermöchte den Klagenden nicht in solche Glut zu versetzen. „Schnee und Eiß" schließlich reimen sich zwar auf den „Liebesschweiß", gehen mit ihm aber nicht ursächlich zusammen. Bleibt nur der Lorbeer. Der lässt darauf schließen, dass Sibylla Schwarz, untypisch für ein Mädchen ihrer Zeit, über gediegene Bildung verfügt haben muss. Denn die Metapher knüpft an antike Vorstellungen an, wonach Blitz und Feuer dem Lorbeerbaum nichts anhaben können. Ein Herz aus Lorbeer: Da muss jeder Liebesbrand versagen! Die Angebetete ist sich solcher Immunität offenbar bewusst, denn sie „verlacht" den Pfeile schießenden Liebesgott. Warum, bleibt offen: Weil sie gefühlskalt ist? Oder einfach nur sehr anspruchsvoll?

Sibylla Schwarz hat Martin Opitz' Lehrbuch von der „Deutschen Poeterey" gewiss studiert. Und doch ist ihr Gedicht alles andere als pflichttreu erfülltes Regelwerk. Mit der Sonettform geht sie relativ offen um: Auf den eigentlich typischen Alexandriner wird verzichtet, stattdessen herrscht der jambische Fünfheber vor. Zudem bilden die beiden vier- beziehungsweise dreizeiligen Abschnitte keine abgeschlossenen Sinneinheiten, sondern sind durch überlaufende Zeilen verzahnt. Das verschafft den Versen einen leichten Fluss und treibt der zugrunde liegenden Klage allzu große Trübsal aus.

Dass ein Mädchen sich aufzuschwingen vermochte zu solcher Verskunst, hat schon die Zeitgenossen verblüfft. Und so dichtete Johan Reginchom: „Ists nicht ein Wunderding? Von noch nicht achtzehn Jahren/Ein zartes Jungfräwlein […] hat solche Verß geschrieben/So (Gott sey Lob) zum Glück der Nachwelt sind verblieben." *Stefan Dosch*

ALFRED LICHTENSTEIN

Die Dämmerung

Ein dicker Junge spielt mit einem Teich.
Der Wind hat sich in einem Baum gefangen.
Der Himmel sieht verbummelt aus und bleich,
Als wäre ihm die Schminke ausgegangen.

Auf lange Krücken schief herabgebückt
Und schwatzend kriechen auf dem Feld zwei Lahme.
Ein blonder Dichter wird vielleicht verrückt.
Ein Pferdchen stolpert über eine Dame.

An einem Fenster klebt ein fetter Mann.
Ein Jüngling will ein weiches Weib besuchen.
Ein grauer Clown zieht sich die Stiefel an.
Ein Kinderwagen schreit und Hunde fluchen.

Ein Keil zwischen Wissen und Sehen

Für Gottfried Benn zeigen zwei Gedichte exemplarisch den Beginn der expressionistischen Lyrik an: „Weltende" von Jakob van Hoddis (das wir an dieser Stelle schon besprochen hatten) und – ebenfalls 1911 erstmals gedruckt – „Die Dämmerung" von Alfred Lichtenstein. Beide Gedichte haben nichts zu tun mit jener vom Expressionismus intonierten visionären An- und Ausrufung des neuen Menschen. Nein, beide Gedichte konfrontieren den Leser mit einem katastrophischen, endzeitlichen Grollen.

Alfred Lichtenstein ist gebürtiger Berliner (wie van Hoddis). 1914 fällt er an der Westfront, nahe Reims, gerade einmal 25 Jahre alt. Seine Verse (die meist mit einem Satz identisch sind) sperren sich gegen wohlfeile Stimmungen. Sie geben sich nüchtern, überraschen jedoch mit höchst originellen Formulierungen. Eher unauffällig wird die Sprache verschoben und das Wirklichkeitsbild verzerrt.

Der Junge spielt nicht an, sondern mit einem Teich. Der Mann steht nicht hinter dem Fenster, sondern klebt an ihm. Der Kinderwagen schreit… Natürlich weiß der Dichter, dass das Kind schreit. „Da er nur den Kinderwagen sieht, schreibt er: Der Kinderwagen schreit" (so Lichtenstein in einem Selbstkommentar). Subjekt und Objekt werden vertauscht. Der Dichter treibt einen Keil zwischen Wissen und Sehen, verleiht Dingen Eigenschaften von Personen, entsichert die übliche Sinneswahrnehmung: Sprachliche Umdeutungen führen zur Wirklichkeitsverfremdung. Letztere wird im Expressionismus gern in der Großstadt mit ihren sich überschlagenden, widersprüchlichen Sinneseindrücken in Szene gesetzt (wobei die Simultanerfahrung des Films Pate steht). Noch eines kommt hinzu: die Deformierung des Menschen. Das Gedicht versieht ihn mit wenig schmeichelhaften Eigenschaften. Lichtenstein versteht sich auf das komische Potenzial des Widersinns. Die Groteske ist sein Gegenmittel zu Irritation und Irrsinn, die durch die Dämmerung (Zeit des Ungewissen) eigens hervortreten.

Der Dichter wird „vielleicht verrückt", heißt es. Diese Zeile weist auf den Wahnsinn als großes Thema des Expressionismus (Georg Heym, van Hoddis!) – wie der verbummelt-bleiche Himmel den Metaphysik-Verlust symbolisiert und die „leeren Himmel" Brechts vorwegnimmt.

Der Auseinanderdrift von Sehen und Wahrnehmen, Sprache und Wirklichkeit kann Alfred Lichtenstein nur noch sein einheitliches Metrum (fünfhebiger Jambus) und den durchgängigen Kreuzreim entgegensetzen. Die Zeichen stehen auf Verfall. Lichtensteins Gedicht „Punkt" formuliert das Ende schlechthin: „Die Welt fällt um. Die Augen stürzen ein".

Günter Ott

CONRAD FERDINAND MEYER

Der römische Brunnen

Aufsteigt der Strahl und fallend gießt
Er voll der Marmorschale Rund,
Die, sich verschleiernd, überfließt
In einer zweiten Schale Grund;
Die zweite gibt, sie wird zu reich,
Der dritten wallend ihre Flut,
Und jede nimmt und gibt zugleich
Und strömt und ruht.

Der perfekte Kreislauf

Italien, Rom insbesondere, hat auf Conrad Ferdinand Meyer (1825 bis 1898) tiefen Eindruck gemacht. Brieflich schwärmte er von den „schönsten Gärten und Villen mit Pinien, Cypressen und Lorbeern" und rühmte nicht zuletzt die „herrlichsten Brunnen". Die Ewige Stadt hat markante Spuren im Werk des Schweizer Erzählers und Lyrikers hinterlassen. Eine davon ist das hier vorliegende Gedicht.

Meyers Schwester Betsy, mit der er 1858 Rom besuchte, legt in ihren Erinnerungen nahe, „Der römische Brunnen" sei unmittelbarer Niederschlag eines Eindrucks gewesen, den der Dichter im Garten der Villa Borghese empfangen hatte. Das Gegenteil ist der Fall. Das Brunnen-Thema beschäftigte Meyer über mehr als zwei Jahrzehnte hinweg und fand Ausdruck in einer ganze Reihe von Fassungen. Diese einzelnen Stufen geben Einblick in einen Arbeitsprozess, an dessen Ende nichts weniger stand als ein vollendetes Gedicht.

Die erste Version brachte Meyer 1860 zu Papier. Sie stellt, wie später die siebte, gültige, hier abgedruckte Form von 1882, bereits ganz die Bewegung des Wassers in den Mittelpunkt, doch wirkt die sprachliche Gestaltung noch etwas bescheiden und angestrengt: „Es steigt der Quelle reicher Strahl/Und sinkt in eine schlanke Schaal'". Ganz andere Wege geht der Dichter in der vierten Fassung (1866), indem er den Wasserkreislauf örtlich, zeitlich und situativ einbindet: „In einem römischen Garten/Verborgen ist ein Bronne,/Behütet von dem harten/Geleucht' der Mittagssonne". Hier hat sich der Dichter entfernt von seiner ursprünglichen Absicht, nur das Steigen und Fallen des Wassers festzuhalten.

Die endgültige Version beschränkt sich in zuvor nicht erfolgter Konzentration und sprachlicher Kunstfertigkeit wieder auf die Bewegung des Wassers. Aller atmosphärische Zierrat ist gestrichen, was bleibt, ist ein Dinggedicht par excellence. Schon der erste Vers versinnbildlicht, melodisch virtuos durch Wortstellung und Lautfolge, die Polarität des Kreislaufs („aufsteigt" – „fallend"). Das Aufstauen in den Becken, das kurzzeitige Anhalten vor dem Überfließen ist meisterhaft eingefangen in den betonten Vers-Endungen, die dann in die folgende Zeile weiter-(über-)fließen. Außerordentlich auch das mit dem Wortsinn („ruht") korrespondierende Abbremsen in der Schlusszeile, wenn sich die vier Hebungen des jambischen Verses auf zwei verkürzen.

„Strömt und ruht": In dieser Gegensätzlichkeit mag Meyer ein Lebensprinzip gesehen haben. Vielleicht sogar – gelassen-überlegt aus sich schöpfend – ein Idealbild künstlerischen Schaffens.   *Stefan Dosch*

FRIEDRICH SCHILLER

Nänie

Auch das Schöne muß sterben! Das Menschen und Götter bezwinget,
Nicht die eherne Brust rührt es des stygischen Zeus.
Einmal nur erweichte die Liebe den Schattenbeherrscher,
Und an der Schwelle noch, streng, rief er zurück sein Geschenk.
Nicht stillt Aphrodite dem schönen Knaben die Wunde,
Die in den zierlichen Leib grausam der Eber geritzt.
Nicht errettet den göttlichen Held die unsterbliche Mutter,
Wann er, am skäischen Tor fallend, sein Schicksal erfüllt.
Aber sie steigt aus dem Meer mit allen Töchtern des Nereus,
Und die Klage hebt an um den verherrlichten Sohn.
Siehe! Da weinen die Götter, es weinen die Göttinnen alle,
Daß das Schöne vergeht, daß das Vollkommene stirbt.
Auch ein Klaglied zu sein im Mund der Geliebten ist herrlich;
Denn das Gemeine geht klanglos zum Orkus hinab.

Das Schöne ist unsterblich

Zu all dem, was der Vergänglichkeit unterliegt, ist auch die klassische Bildung zu zählen. Im Zeitalter Schillers und Goethes war es für den Gebildeten selbstverständlich, über Götter und Helden der Antike Bescheid zu wissen wie über Personen aus dem Bekanntenkreis. Solches Wissen ist inzwischen verblasst. Doch ist es unabdingbar für das Verständnis eines Gedichts wie der Schiller'schen „Nänie", das erstmals im Jahr 1800 veröffentlicht wurde.

Ein Klageruf steht am Beginn: Der Tod trifft auch das, was wir bewundern. Zur Bekräftigung führt Schiller drei Beispiele für das sterbliche Schöne aus der griechischen Mythologie an. Die betreffenden Namen sind nicht genannt, doch die geschilderten Ereignisse genügen zur Identifizierung. Eurydike ist es, die tote Gattin des Orpheus, die vom Unterweltherrscher Hades letztlich doch nicht wieder zu den Lebenden entlassen wird. Der „schöne Knabe", vom Eber tödlich verletzt, ist Adonis, der Geliebte der Aphrodite. Schließlich der „am skäischen Tor" in den Tod gehende „göttliche Held": Vor den Mauern Trojas traf Achilles der schicksalhafte Pfeil.

Doch noch in diesem letzten Beispiel für den Tod des Schönen setzt, im 9. Vers, ein Umschwung ein, angezeigt durch das „Aber...". Thetis, die göttliche Mutter des Achill, stimmt angesichts ihres toten Sohnes ein Klagelied, eine Nänie an: So lautete – lateinisch nenia – im antiken Rom die Bezeichnung für den Trauergesang. Wobei in den Nänien neben der Klage um den Verstorbenen immer auch das ehrende Gedächtnis bekundet wurde. Diese Doppelbedeutung macht sich Schiller zu eigen, jedoch mit ganz eigener Zielrichtung.

Zwar wird noch einmal bekräftigt, dass „das Schöne vergeht" – und doch, teilt der entscheidende 13. Vers mit, lebt das Schöne weiter: Als kunstvolles Lied vermag es das physische Ableben zu überdauern. Dass die gestaltete Form über den Tod hinausreicht, ist die triumphierende kunstphilosophische Überzeugung, die Schiller seiner „Nänie" eingeschrieben hat.

Das Gedicht ist selbst Beleg dafür, dass das untergegangene Ideal weiterzuleben vermag. Feiert es doch in seiner Form das von der deutschen Klassik bewunderte griechisch-römische Vorbild. Schiller hat „Nänie" in Distichen verfasst, langzeiligen Doppelversen (sieben sind es hier), in denen auf jeweils einen Hexameter – ein Vers mit sechs Hebungen und tonloser Endung – ein Pentameter folgt mit betonter Endsilbe und dem Zusammenstoß zweier Hebungen in der Versmitte. Der Rhythmus, der so entsteht, verleiht dem Gedicht ein derart kraftvolles Gerüst, dass es des Reimes nicht bedarf. Das in der Antike geformte Schöne, es lebt durch Schiller (und Brahms) hindurch bis heute.   *Stefan Dosch*

KARL KRAUS

Man frage nicht

Man frage nicht, was all die Zeit ich machte.
Ich bleibe stumm;
und sage nicht, warum.
Und Stille gibt es, da die Erde krachte.
Kein Wort, das traf;
man spricht nur aus dem Schlaf.
Und träumt von einer Sonne, welche lachte.
Es geht vorbei;
nachher war's einerlei.
Das Wort entschlief, als jene Welt erwachte.

Was bleibt, ist Schweigen

Um Worte war Karl Kraus (1874 bis 1936) kaum je verlegen. Im Gegenteil, der Wiener galt als einer der sprachmächtigsten Literaten im ersten Drittel des vorigen Jahrhunderts. Stilistisch glänzend und mit beißender Schärfe schrieb er gegen Missstände an, und dazu gehörte für ihn zuvorderst die Verhunzung der Sprache. Für seine Attacken hatte er sich ein eigenes Publikationsorgan geschaffen, die Zeitschrift „Die Fackel", die er über drei Jahrzehnte und auf vielen Tausenden von Seiten mit (von 1912 an ausschließlich eigenen) Beiträgen bestückte.

Als jedoch in Deutschland Ende Januar 1933 die Nazis an die Macht gelangten, verschlug es Karl Kraus die Sprache, jedenfalls nach außen hin. Denn die Monate vergingen, ohne dass eine neue Ausgabe der Fackel erschien. Dann, im Oktober '33, kam die Nummer 888 heraus: Gerade mal vier Seiten umfassend, die dünnste Fackel, die es je gegeben hatte. Darin lediglich ein Nachruf auf den verstorbenen Architekten Adolf Loos – und das kleine Gedicht, das mit den Worten beginnt: „Man frage nicht..."

Trotz des negativen Imperativs dreht sich hier doch alles um eine Frage: Um diejenige nämlich, welcher Stellenwert der sprachlichen Kommunikation in einer Zeit zukommt, darin die Sprache mörderisch geworden ist. Kraus war nie empfindlich gewesen, wo es um sprachliche Auseinandersetzung ging, nicht im Einstecken und ebenso wenig im Austeilen. Der nationalsozialistischen Hetze jedoch, der unversehens Taten folgten, war mit Sprache nicht mehr beizukommen. Kraus zog, fürs Erste jedenfalls, die Konsequenz: verstummen! Und gab die Erklärung dafür programmatisch in Form kunstvoller Äußerung – in einem Gedicht.

Bestürzend, dass Kraus, indem er Sprachlosigkeit bekundet, eben dies mit den Mitteln sprachlicher Schönheit unternimmt. Ruhiges Ebenmaß durchzieht das Gedicht, in dem der jambische Wechsel von Senkung und Hebung kontinuierlich dahinfließt und zwei sich reimende Fünfheber jeweils ein kürzeres Reimpaar (zwei-/dreihebig) umfassen.

Kraus' Gedicht rief unmittelbare Reaktionen von Schriftstellerkollegen hervor, ablehnende wie zustimmende. Berühmt ist die Antwort Brechts, der sich, bereits im Exil, selbst mit einem längeren Gedicht zu Wort meldete, in dem er für Kraus' Standpunkt Verständnis zeigte: „In einem zehnzeiligen Gedicht/Erhob sich seine Stimme, einzig um zu klagen/Daß sie nicht ausreiche."

So stumm Kraus nach außen blieb, arbeitete er doch den Sommer 1933 hindurch an einer umfangreichen Abrechnung mit den Nazis. Diese Schrift mit dem Titel „Die dritte Walpurgisnacht" erschien jedoch erst posthum im Jahr 1952. *Stefan Dosch*

FRIEDRICH GOTTLIEB KLOPSTOCK

Das Rosenband

Im Frühlingsschatten fand ich sie;
Da band ich sie mit Rosenbändern:
Sie fühlt' es nicht, und schlummerte.

Ich sah sie an; mein Leben hing
Mit diesem Blick' an ihrem Leben:
Ich fühlt' es wohl, und wusst' es nicht.

Doch lispelt' ich ihr sprachlos zu,
Und rauschte mit den Rosenbändern:
Da wachte sie vom Schlummer auf.

Sie sah mich an; ihr Leben hing
Mit diesem Blick' an meinem Leben,
Und um uns ward's Elysium.

Das selige Band der Liebe

An Selbstbewusstsein hat es Friedrich Gottlieb Klopstock (1724 bis 1803) nicht gefehlt. Schon als 21-Jähriger bestimmte er in seiner Abiturrede die Dichtung als „die Erste unter den Künsten". Ruhm unter seinen Zeitgenossen brachten ihm vor allem die „Messias"-Gesänge ein, in denen er einen christlichen Kontrapunkt zur Epik des großen Homer setzte. Doch Klopstock strömte nicht nur über von religiösem Sendungsbewusstsein, sondern er vermochte aufgrund seines ästhetischen Selbstbewusstseins dem „gewählteren Schall der Sprache" gar manche neue Wendung abzuhorchen – nicht zu reden davon, dass er das Deutsche um Versmaße und Strophenformen bereichert hat.

Vergessen wir an dieser Stelle den „hohen Ton" des von Natur, Religion und Vaterland entzückten Oden- und Langdichters. Entdecken wir die scheinbar so einfache Form, die Musikalität, das mal gebremste (durch die Zeilen mit Komma), dann wieder beschleunigte Tempo (durch zwei Enjambements), schließlich das gleichsam wie ein Netz über das Gedicht geworfene Sprachband aus Parallelen, Variationen und Gegensätzen – nähern wir uns zusammen mit dem lyrischen Ich der am lieblichen Ort („Frühlingsschatten") schlafenden Geliebten. Die „Rosenband"-Verse, denen man die (End-)Reimlosigkeit kaum anmerkt, sind 1753 entstanden, wurden aber erst 1775 veröffentlicht. 1751 hatte Klopstock Meta Moller, die „Cidli" seiner Oden, kennengelernt, 1754 heirateten sie. Mag manches in unserem Gedicht aus dem immer wieder nachgeahmten Motivvorrat der spielerischen anakreontischen Poesie entnommen sein (die Rose als Liebesrequisit, die Rosenbänder als bemalte Seidentücher beziehungsweise im Wortsinn als Blumenketten), so spricht Klopstock in seinen wunderbar schlichten Zeilen eine Sprache, die jenseits aller unverbindlichen Tändelei der Liebe (und dem Leben) einen existenziellen Ernst gibt, ein tief empfundenes Erlebnis zugrunde legt.

Der klingende Binnenreim „fand ich sie" – „Da band ich sie"; der Übergang vom Schlummer zum Erwachen im Sinne eines besonders bedeutsamen Augenblicks (Dornröschen!) weisen auf das in Liebe gebundene Paar. Zentral ist die Parallelität von „Ich sah sie an" – „Sie sah mich an": Sehen und Erkennen (der gegenseitigen Liebe) fallen in eins. Es bedarf keiner Worte mehr zum seelischen Einverständnis der beiden. Die letzte Zeile gönnt ihnen die reine Verzückung und geleitet sie ins Reich der Seligen („Elysium"). *Günter Ott*

ERNST STADLER

Form ist Wollust

Form und Riegel mußten erst zerspringen,
Welt durch aufgeschlossne Röhren dringen:
Form ist Wollust, Friede, himmlisches Genügen,
Doch mich reißt es, Ackerschollen umzupflügen.
Form will mich verschnüren und verengen,

Doch ich will mein Sein in alle Weiten drängen –
Form ist klare Härte ohn' Erbarmen,
Doch mich treibt es zu den Dumpfen, zu den Armen,
Und in grenzenlosem Michverschenken
Will mich Leben mit Erfüllung tränken.

Die Fanfare zum Aufbruch

Ernst Stadler (1883 bis 1914), ein frühes Opfer des Krieges, hat die Blütezeit des Expressionismus nicht mehr erlebt, aber er hat dieser literarischen Bewegung ein programmatisches Gedicht mit auf den Weg gegeben: „Form ist Wollust" (1914). Die Verse finden sich in Stadlers lyrischem Zyklus mit dem bezeichnenden Titel „Der Aufbruch" (1913). Außerdem hat sie Kurt Pinthus in die „Menschheitsdämmerung" (1920) aufgenommen. Im Nachwort dieser repräsentativen Gedichtsammlung spricht Pinthus vom Glauben des Expressionismus an den „Sieg befreiter und befreiender Formen"!

An Stadlers Gedicht fällt zuerst auf, dass es gegen die Form anschreibt, aber die Form wahrt. Die Zeilen enden in weiblichen Paarreimen. Das apodiktisch betonte Schlüsselwort „Form" eröffnet allein vier der zehn Verse. Allerdings springt die Metrik zwischen fünf- und sechshebigen Trochäen.

Die Form hat ihren Widerpart im Wörtchen „Doch". „Doch mich reißt es, Ackerschollen umzupflügen": Diese klassische expressionistische Emphase sprengt Form und Riegel und Röhren. Sie erwächst nicht aus einer zufälligen Stimmung oder Erregung des Dichters, sondern verdankt sich einem höheren Drang („mich reißt es").

Die Oppositionen des Gedichts münden allesamt in eine dialektische Bewegung – die von Form und Aufbruch, von Gewordenem und Werdendem. Das eine bedingt das andere, denn permanenten Aufbruch gibt es nicht. Ebendiese Dialektik bestimmt die zentrale Zeile „Form ist Wollust, Friede, himmlisches Genügen". Wird hier nicht die Form dreifach geadelt? Nein, denn man muss die pejorativen Bedeutungen mitlesen: die augenblickliche Lust, die bequeme Ruhe, die absolut gesetzte Selbstgenügsamkeit. Form ist für Stadler das Erstarrte, das zur Konvention Geronnene. Von alledem stößt sich das Gedicht ab, um die Lebensfülle, um „alle Weiten" zu gewinnen. Die Losung heißt: Mensch, werde wesentlich! Verwandle die Welt! Öffne dich den „Dumpfen" und „Armen"!

Dieser messianische, die Niederungen von Mensch und Natur bewusst einbeziehende Appell rechnet ab mit dem ästhetizistischen Kult, mit der „klaren Härte" des George-Kreises. Dieser hat den frühen Stadler stark geprägt. Doch der Dichter verwirft von 1912 an sukzessive jene aristokratischen Sprachposen, weil sie nach seiner Ansicht das freie und soziale Leben abriegeln und das Dichter-Ich „verschnüren".

Insoweit vollzieht Stadler im „Form"-Gedicht seinen eigenen programmatischen Aufbruch. Überdies verordnet er dem Expressionismus einen Treibsatz, der die Dichtung wieder „mit den Inhalten der Wirklichkeit" (Stadler) füllt.   *Günter Ott*

An unsre großen Dichter

Des Ganges Ufer hörten des Freudengotts
Triumph, als alleroberND vom Indus her
Der junge Bacchus kam, mit heilgem
Weine vom Schlafe die Völker weckend.

O weckt, ihr Dichter! weckt sie vom Schlummer auch,
Die jetzt noch schlafen, gebt die Gesetze, gebt
Uns Leben, siegt, Heroen! ihr nur
Habt der Eroberung Recht, wie Bacchus.

Als das Wort Revolution machen sollte

Kein anderer deutscher Dichter der Zeit um 1800 hat mit der Antike derart Zwiesprache gehalten wie Friedrich Hölderlin (1770 bis 1843). Vor allem die altgriechische Welt und ihre Mythologie waren ihm ein ferner Spiegel, in den er, konstituierend für sein Schaffen, unablässig Rückschau zu halten pflegte.

Das gilt auch für die Kurzode „An unsre großen Dichter". Schon die Form verweist auf das antike Vorbild, verwendet Hölderlin doch die sogenannte alkäische Strophe mit ihrer strengen Reglementierung von Silbenzahl und Akzentsetzung. Der Rückbezug reicht aber noch tiefer, wie die erste, in außergewöhnlicher Sprachkunst von einem einzigen Satz getragene Strophe zeigt, die einer Gestalt der griechischen Mythologie gewidmet ist.

Dionysos (römisch: Bacchus), der „Freudengott", zieht als Eroberer nach Indien. Diese sagenhafte Episode entstammt der spätantiken Literatur, welche damit in mythenbildender Weise den historischen Indien-Zug Alexanders des Großen reflektierte. Dionysos' Eroberung, und das wiederum ist bedeutsam für Hölderlins Gedicht, verläuft jedoch unkriegerisch, bringt ausschließlich Wohltaten mit sich. Strophe zwei hebt, über das Scharnier des doppelt gesetzten Verbs „wecken", die antik-mythologische Vergangenheit in die Gegenwart, in Hölderlins Zeit – womit die „großen Dichter" ins Spiel

kommen, die Adressaten aus dem Gedichttitel. Ein Brief an Schiller, dem Hölderlin das Gedicht zur Veröffentlichung anbot, legt nahe, dass er diesen für einen der aktuell Großen hielt; zu den weiteren sind Goethe, Herder, Klopstock zu zählen.

Wie aber lautet die Botschaft an die in fünffachem Imperativ angerufenen Dichter? Darauf gibt bereits die erste Strophe den entscheidenden Hinweis: „Vom Schlafe" sollen „die Völker" geweckt werden. Transponiert man diesen Satz in die Zeit der Entstehung des Gedichts, ist die politische Zielrichtung unübersehbar. Der „Schlaf", das sind die obrigkeitsstaatlichen Strukturen, die Ende des 18. Jahrhunderts „die Völker" – das deutsche wohl vor allem, Frankreich ausgenommen – in festem Griff halten. Weshalb hinter den „Gesetzes"-Wohltaten, welche die Dichter geben sollen, die Ideale von Freiheit und Gleichheit vermutet werden dürfen.

Zugespitzt ließe sich sagen: Die „großen Dichter" werden von Hölderlin aufgefordert, mit ihren Worten beizutragen zu einer Revolution, wie sie einige Jahre vor Veröffentlichung des Gedichts (1798) in Frankreich stattgefunden hatte – schließlich ließ die politisch-gesellschaftliche Umwälzung in deutschen Landen weiter auf sich warten. Eine derartige, mit hohem Pathos beladene Bürde aber war den „großen" Zeitgenossen Hölderlins fremd. *Stefan Dosch*

GEORG HEYM

Der Gott der Stadt

Auf einem Häuserblocke sitzt er breit.
Die Winde lagern schwarz um seine Stirn.
Er schaut voll Wut, wo fern in Einsamkeit
Die letzten Häuser in das Land verirrn.

Vom Abend glänzt der rote Bauch dem Baal,
Die großen Städte knieen um ihn her.
Der Kirchenglocken ungeheure Zahl
Wogt auf zu ihm aus schwarzer Türme Meer.

Wie Korybanten-Tanz dröhnt die Musik
Der Millionen durch die Straßen laut.
Der Schlote Rauch, die Wolken der Fabrik
Ziehn auf zu ihm, wie Duft von Weihrauch blaut.

Das Wetter schwält in seinen Augenbrauen.
Der dunkle Abend wird in Nacht betäubt.
Die Stürme flattern, die wie Geier schauen
Von seinem Haupthaar, das im Zorne sträubt.

Er streckt ins Dunkel seine Fleischerfaust.
Er schüttelt sie. Ein Meer von Feuer jagt
Durch eine Straße. Und der Glutqualm braust
Und frißt sie auf, bis spät der Morgen tagt.

Im Feuer der Apokalypse

Haben Sie noch eine der schönsten Liebeserklärungen an die Großstadt im Ohr? „Berlin, dein Gesicht hat Sommersprossen." Hildegard Knef sang die einprägsame Zeile in den 1960er-Jahren. Als Berlin jedoch in den ersten Jahrzehnten des 20. Jahrhunderts geradezu explosionsartig anwuchs, mischten sich früh kritische Stimmen in den allgemeinen Jubel und Trubel. 1910 ist eine Anthologie von Großstadtgedichten erschienen. Ihr Titel: „Im steinernen Meer". Er weist voraus auf Brechts Drama „Im Dickicht der Städte". Der Topos vom „Sündenbabel" ging um. Nicht wenige Künstler suchten ihr Heil im Ländlichen und machten sich auf ins „Jrüne"...

Georg Heym (1887 bis 1912) war Berliner von Geburt an. Er wich dem Stadtmoloch nicht aus, sondern verlieh ihm im Gedicht in unvergleichlicher Bildkraft Züge des Übermächtig-Bedrohlichen, ja der Endzeit. Der „Gott der Stadt" (1910) ist ein Abgott, ein Götze, der über den Menschen thront, unverrückbar wie die Anfangszeile: „Auf einem Häuserblocke sitzt er breit". Der Filmfreund mag an King Kong denken. Doch von dessen gelegentlich menschlichen Anwandlungen ist Georg Heyms kosmischer Dämon weit entfernt. Er ist die personifizierte Vernichtung – „voll Wut", „im Zorne", von „Stürmen" umfangen. Diese entfesselten Energien gipfeln in der „Fleischerfaust". Verglichen mit dieser fatalistischen Bildballung

gewinnt der Blitze schleudernde antike Zeus eine fast schon pittoreske Note. Wie soft bei Heym jagt der Dämon das Feuer in die Städte – auch in seinem Gedicht „Der Krieg". Der Mensch ist dem Tod verfallen. Der Mensch? Er kommt in diesen Versen als Person gar nicht mehr vor, sondern hat sich längst zur Masse der „Millionen" anonymisiert. Heym taucht seine Sprache ins Feuer der Apokalypse. „Schwarz" und „Rot", seine bevorzugten Farben, stehen für Tod und Bedrohung. Vorangestellte Genitive (Inversionen) wie „Der Schlote Rauch", das fehlende „sich" und transitive Verben spitzen die jambischen, über Kreuz gereimten Verse expressiv zu. Durch ihre Blockhaftigkeit läuft indes, dank metrischer Abweichungen, ein untergründiges Zittern.

Heym kennt in diesem Gedicht kein Heil, nur mehr die Pervertierung des Glaubens („knieen", „Kirchenglocken", „Duft von Weihrauch"): Sein Gott ist der grauenvolle Teufel der Städte, der ekstatisch in Musik und Tanz gefeiert wird. (Korybanten sind Priester, die in orgiastischen Riten der Erdgöttin Kybele huldigen.)

Nirgends ein Ausweg? Die Finsternisse radikalisierten Heyms Ausbruchsfantasien. In seiner Prosa träumte er von der Revolution, ja sogar (wie andere Künstler) von der reinigenden Kraft des Krieges!

Günter Ott

JOHANN WOLFGANG GOETHE

Prometheus

Bedecke deinen Himmel, Zeus,
Mit Wolkendunst!
Und übe, Knaben gleich,
Der Disteln köpft,
An Eichen dich und Bergeshöhn!
Mußt mir meine Erde
Doch lassen stehn,
Und meine Hütte,
Die du nicht gebaut,
Und meinen Herd,
Um dessen Glut
Du mich beneidest.

Ich kenne nichts Ärmers
Unter der Sonn als euch Götter.
Ihr nähret kümmerlich
Von Opfersteuern
Und Gebetshauch
Eure Majestät
Und darbtet, wären
Nicht Kinder und Bettler
Hoffnungsvolle Toren.

Da ich ein Kind war,
Nicht wußte, wo aus, wo ein,
Kehrte mein verirrtes Aug
Zur Sonne, als wenn drüber wär
Ein Ohr zu hören meine Klage,
Ein Herz wie meins,
Sich des Bedrängten zu erbarmen.

Wer half mir wider
Der Titanen Übermut?
Wer rettete vom Tode mich,
Von Sklaverei?
Hast du's nicht alles
selbst vollendet,
Heilig glühend Herz?
Und glühtest, jung und gut,
Betrogen, Rettungsdank
Dem Schlafenden dadroben?

Ich dich ehren? Wofür?
Hast du die Schmerzen gelindert
Je des Beladenen?
Hast du die Tränen gestillet
Je des Geängsteten?
Hat nicht mich zum Manne
geschmiedet
Die allmächtige Zeit
Und das ewige Schicksal,
Meine Herrn und deine?

Wähntest du etwa,
Ich sollte das Leben hassen,
In Wüsten fliehn,
Weil nicht alle Knabenmorgen-
Blütenträume reiften?

Hier sitz ich, forme Menschen
Nach meinem Bilde,
Ein Geschlecht, das mir gleich sei,
Zu leiden, weinen,
Genießen und zu freuen sich,
Und dein nicht zu achten,
Wie ich.

Die Entthronung der Götter

„Sturm und Drang" – was heutzutage als geflügeltes Wort umläuft, war in den 1770er-Jahren eine literarische Jugend- und Protestbewegung. Gefeiert wurde der ganze „Kerl", der Dampf ablässt (Goethes Götz!), das Genie, dem Freiheit und Autonomie alles bedeuten. Für diese Sprengkraft des großen Individuums fand sich ein mythologisches Vorbild: Prometheus, der den Göttern das Feuer raubte! Den Titan und Rebellen erkoren die Stürmer & Dränger zum Symbol des schöpferischen Ich. Es begehrt selbst gegen das Heiligste auf.

Damit sind wir mitten in Goethes „Prometheus"-Gedicht (entstanden wohl zwischen 1773 und 1775). Der Meister klassifizierte in späten Jahren seine wahrhaft aufrührerische Sprachtat als „Zündkraut einer Explosion". Er ließ das Gedicht wohlweislich unveröffentlicht, doch Friedrich Heinrich Jacobi publizierte es 1785 gegen Goethes Willen.

Das lyrische Ich in der Rolle des Prometheus legt sogleich mit einem provokativen Imperativ los und degradiert Zeus zum Befehlsempfänger: Der oberste Gott soll hinter dem „Wolkendunst" verschwinden. Schon die erste Strophe bildet den entscheidenden Gegensatz aus: dein Himmel, meine Erde. Das dreifache „mein" bekräftigt den alleinigen Besitzanspruch. Der Dichter arbeitet durchweg mit Verkehrungen: Der Entmachtung des Zeus entspricht die Selbstermächtigung des Ich. Die Hymne, gewöhnlich eine von Ehrfurcht getragene Form der Anrufung, wird zur Schmähung: „Ich dich ehren? Wofür?" Die freien Rhythmen sind rhetorisch aufgeladen: durch Befehle, desillusionistische Aussagen, betonte Versenden (Erde, Hütte, Herd, Glut, Klage, Herz usw.), durch zahlreiche rhetorische Fragen und Komprimierungen (Ärmers, kehrt, Aug, meins, fliehn, sitz ich…).

Das Gedicht weitet den Blick von Zeus auf die Götter, schließlich auf den christlichen Gott (siehe die blasphemisch gegen den Strich gelesenen Bibelzitate). Es stößt Gott und die Götter, von denen nur noch „Kinder", „Bettler" und „Toren" Beistand erhoffen, vom Thron und erweist sie als lediglich menschliche Projektionen. Das heißt, die Himmlischen sind nichts anderes als Menschengeschöpfe! Über allen aber stehen „Zeit" und „Schicksal".

Das Gedicht setzt der Macht der Himmlischen das „heilig glühend Herz" entgegen, die innerste Lebens- und Schaffenskraft des Individuums. Diese triumphiert in der letzten Strophe: „Hier sitz ich, forme Menschen nach meinem Bilde." Dem Dichter wird, vermöge seiner formenden, Leben verleihenden Sprachkraft, göttlicher Rang zuerkannt! *Günter Ott*

NOVALIS

Wenn nicht mehr Zahlen und Figuren

Wenn nicht mehr Zahlen und Figuren
Sind Schlüssel aller Kreaturen
Wenn die, so singen oder küssen,
Mehr als die Tiefgelehrten wissen,
Wenn sich die Welt ins freye Leben
Und in die Welt wird zurück begeben,
Wenn dann sich wieder Licht und Schatten
Zu ächter Klarheit wieder gatten,
Und man in Mährchen und Gedichten
Erkennt die wahren Weltgeschichten,
Dann fliegt vor Einem geheimen Wort
Das ganze verkehrte Wesen fort.

Die Musik des Weltalls

Der inflationär gebrauchte, in die Gefühlssoße getauchte Begriff der Romantik hat ursprünglich nichts mit rührseliger Schwärmerei zu tun, sondern mit einer philosophisch ergründeten geistigen Anschauung. Das gilt insbesondere für den Frühromantiker Freiherr von Hardenberg, der sich Novalis nannte (1772 bis 1801). Er versuchte wiederzuerwecken, was die Aufklärung „zum einförmigen Klappern einer ungeheuren Mühle" hat verkommen lassen, nämlich „die unendliche schöpferische Musik des Weltalls". Gegen die entseelte, ausgenüchterte Welt setzte Novalis eine neue Mythologie.

Die aufklärerische Buchhaltung bringt er auf den Begriff „Zahlen und Figuren". Gemeint sind Mathematik und Geometrie – übrigens von Novalis selbst früher geschätzte Wissenschaften! Der Dichter gießt seinen Spott über die „Tiefgelehrten". (Sie entsprechen Hölderlins „schlauem Geschlecht".) Ihr Blick reicht gerade nicht in die Tiefe, ihr Weg geht gerade nicht nach innen, dorthin, wo die Natur ihre Geheimnisse, wo die Welt ihre verborgenen Zusammenhänge offenbart. In dieses magische Dunkel dringt das Licht der Aufklärung nicht vor, dahin gelangen nur Kunst und Liebe („singen", „küssen").

Novalis' Gedicht steht im bruchstückhaften zweiten Teil seines Romans „Heinrich von Ofterdingen".

Die Bezüge zwischen Vers und Prosa sind zahlreich. So zeugt im Roman gleichsam der Kuss von Heinrich und Mathilde den Sterngeist Astralis, der für die Poesie steht. Novalis hat seinen (gegen Goethes „Wilhelm Meisters Lehrjahre" verfassten) Roman als „Apotheose der Poesie" verstanden. Heinrichs Denken und Trachten gilt von Beginn an dem Dichten, das sich ihm in Traum und Erzählung, vor allem in der Sehnsucht nach der blauen Blume erschließt. Erhellend für das Gedicht ist auch ein Satz aus dem Roman wie: „Es ist mehr Wahrheit in einem Mährchen, als in gelehrten Chroniken."

Die in der Wenn-dann-Folge verklammerten, fast durchweg jambischen, in Paarreimen vorgetragenen Verse laufen auf das letzte Doppel zu. Es ist hervorgehoben durch zusätzliche Senkungen, vor allem durch die männliche Kadenz. Das „geheime Wort" (= das romantische Dichterwort) ist der Schlüssel zum Wunder des Großen und Ganzen. Gleichbedeutend mit Eichendorffs „Zauberwort", überwindet es die Gegensätze (von Licht und Schatten) und hält die Welt zur mystischen Vereinigung mit ihrem Ursprung an.

Das alles hat in unseren Zeiten der „Zahlen und Figuren" den provokativen Reiz des Befremdlichen.

Günter Ott

ANNETTE VON DROSTE-HÜLSHOFF

Im Grase

Süße Ruh', süßer Taumel im Gras,
Von des Krautes Arom' umhaucht,
Tiefe Flut, tief, tief trunkne Flut,
Wenn die Wolk' am Azure verraucht,
Wenn aufs müde, schwimmende Haupt
Süßes Lachen gaukelt herab,
Liebe Stimme säuselt und träuft
Wie die Lindenblüt' auf ein Grab.

Wenn im Busen die Toten dann,
Jede Leiche sich streckt und regt,
Leise, leise den Odem zieht,
Die geschloßne Wimper bewegt,
Tote Lieb', tote Lust, tote Zeit,
All die Schätze, im Schutt verwühlt,
Sich berühren mit schüchternem Klang
Gleich den Glöckchen, vom Winde umspielt.

Stunden, flücht'ger ihr als der Kuß
Eines Strahls auf den trauernden See,
Als des ziehenden Vogels Lied,
Das mir niederperlt aus der Höh',
Als des schillernden Käfers Blitz
Wenn den Sonnenpfad er durcheilt,
Als der flücht'ge Druck einer Hand,
Die zum letzten Male verweilt.

Dennoch, Himmel, immer mir nur
Dieses eine nur: für das Lied
Jedes freien Vogels im Blau
Eine Seele, die mit ihm zieht,
Nur für jeden kärglichen Strahl
Meinen farbig schillernden Saum,
Jeder warmen Hand meinen Druck
Und für jedes Glück einen Traum.

Das Glück mit der Natur

Wer kennt es nicht, dieses berauschende Gefühl, das die Natur uns zu geben vermag: Diesen „Taumel", der uns erfasst, wenn wir beispielsweise in einer Sommerwiese liegen, den Blick ins Blaue gerichtet? Solches Naturempfinden nimmt Annette von Droste-Hülshoff (1797 bis 1848) zum Ausgangspunkt ihres Gedichts „Im Grase".

Geschautes, Gehörtes, Gerochenes: Zu Beginn fließen die Stränge sinnlicher Wahrnehmung unaufhörlich ineinander, das erlebende Ich verschmilzt mit der Natur zu einem Zustand reinen, glückhaften Seins. Das schlägt sich auch in der Sprache nieder: In einem einzigen soghaften Satz sind die Empfindungen aneinandergereiht; der Reim ist luftig-lose, nur in jeder zweiten Zeile gesetzt; die Bilder sind von erlesenem Zuschnitt – der Hauch „von des Krautes Arom'", das „Verrauchen" der Wolke am Himmel.

Entrückt dem Hier und Jetzt, tritt Vergangenes (in Strophe zwei) an den Erlebenden heran. Auf steigen „Lieb'" und „Lust" aus vergessener Zeit, „Schätze" im „Schutt" des sonst herrschenden Alltagsbewusstseins – das Gedicht bezaubert nicht zuletzt durch die Schilderung von Vorgängen in tieferen Seelenschichten.

Doch solch entrückt-verzücktes Erleben, wie lange es im Einzelnen auch dauern mag, ist flüchtig. Das fühlende und sinnende Ich ist sich dessen bewusst und klagt darüber in einer Reihe von Vergleichen. Es sind außergewöhnliche Naturphänomene, die hier aufeinanderfolgen, gipfelnd in der Vision des „Blitzes", den ein Käfer, Licht auf seinem Rücken reflektierend, beim Durcheilen einer Sonnenschneise hervorruft. Doch nicht nur der Erscheinungen der Natur wird gedacht. Der lange Seufzer über die Vergänglichkeit – wieder besteht die Strophe, wie alle anderen, aus einem einzigen Satz – gilt auch dem Menschen, gilt den schmerzlichen Momenten des Abschieds.

Was bleibt, ist die an den „Himmel" gerichtete Bitte, dass das als so beglückend empfundene Gefühl des Einsseins sich doch auch künftig wieder einstellen möge. Als (naturgegebener) Anlass würde ein Vogelsang, ein Sonnenstrahl genügen, ein Händedruck auch. Ein jeder solcher Moment wäre, wie es im Schlussvers heißt, „Glück" – und so folgt als Letztes die Bitte nach einem „Traum": nach der festgehaltenen, wieder aufrufbaren Erinnerung an dieses Glück.

Das Einssein mit der Natur lässt sich, wie jeder andere Sachverhalt auch, mehr oder weniger treffend in Worte setzen. „Im Grase" ragt darüber hinaus. Dichtend hat Annette von Droste-Hülshoff hier vollbracht, wovon die Verse selbst sprechen – das Einswerden: Thema und Sprache sind hier unnachahmlich ineinandergeflossen. *Stefan Dosch*

WALTHER VON DER VOGELWEIDE

Unter der Linde

Unter der Linden
Auf der Heide,
Da unser beider Bette war,
Da könnt ihr finden
Augenweide:
Geknickt das Gras und der Blumen Schar.
Vor dem Wald mit süßem Schall,
Tandaradei!
Sang im Thal die Nachtigall.

Ich kam gegangen
Zu der Aue;
Dort harrte schon der Liebste mein.
Da ward ich empfangen –
Heilige Fraue! –
Daß ich allzeit muß selig sein.
Küßte er mich? Er wards nicht müd!
Tandaradei!
Sehet, wie der Mund mir glüht!

Er hatte gemachet
So reich und minnig
Von Blumen eine Ruhestatt.
Des wird noch gelachet
Wohl herzinnig,
Kommt jemand über diesen Pfad.
An den Rosen er wohl mag –
Tandaradei!
Merken, wo das Haupt mir lag.

Wie wir selig lagen,
Wüßte es Einer,
(Verhüt es Gott!) so schäm ich mich.
Welch ein Spiel wir pflagen,
Keiner, keiner
Erfahre das, denn er und ich,
Und ein kleines Vögelein –
Tandaradei!
Das wird wohl verschwiegen sein.

Wenn ich ein Vöglein wär'...

Es ist nicht ganz unproblematisch, wenn wir diesmal ein Gedicht aus der frühen deutschen Literaturgeschichte herausgreifen. Denn zwischen dem „Lindenlied" von Walther von der Vogelweide und unserer Zeit liegen an die 800 Jahre. Der ursprünglich in Mittelhochdeutsch abgefasste Text kann allenfalls Germanisten zugemutet werden. Man muss also übersetzen, und dieser Übertragung fällt nicht nur mancher ursprüngliche Reim zum Opfer, sie hemmt auch den bezwingenden Sprachfluss des Originals.

Dazu kommt zweierlei. Zum einen streiten Fachleute bis heute über Textstellen. Wie zum Beispiel ist „hêre frouwe" (Vers 14) zu verstehen? Als Ausruf (Heilige Jungfrau), als Gruß (edle Dame) oder doch als Publikumsanrede (Edle Damen und Herren)? Zum anderen wurden mittelhochdeutsche Texte einst gesungen. Doch die Melodien der meisten Gedichte aus höfischer Zeit sind verloren gegangen. Kurz und schlecht: Uns steht gleichsam nur die halbe Sache vor Augen.

Trotz dieser Einwände gilt: Walther von der Vogelweide (um 1170 bis um 1230) hat eines der schönsten Lieder des Minnesangs gedichtet. Der klassische Minnesang ist dem Ideal der (adeligen) Frau gewidmet. Diese bleibt dem werbenden Dichter stets unerreichbar fern. Umso mehr spannt diese entsagungsvolle Art des Minnedienstes all das Sehnen und Begehren des Sängers an. Dieses Ideal gibt Walther in seinem „Lindenlied" dahin. Die Szene spielt nicht am Hof, sondern in lieblicher Wiesen- und Blumenlandschaft. Die unüberwindliche Kluft zwischen Sänger und Dame ist einer erfüllten Liebesbegegnung, die höfische Hierarchie einer natürlichen Herzlichkeit gewichen.

Das Mädchen schildert das Glück des Zusammenseins in der Vergangenheitsform. Es rückt dadurch das Geschehen, im Übrigen auch den Leser/Hörer, auf Distanz. Genau das aber macht den Zauber dieses Liedes aus: Hier hat jemand die Liebe am eigenen Leib erfahren und möchte – wie alle Liebenden – seine Freude der ganzen Welt kundtun. Doch die Scham des Mädchens (und des Dichters) nimmt die Mitteilung des Glücks wieder zurück. In dieser Gegenbewegung schwingt das Gedicht. Das Geheimnis und seine Andeutung, das Sagen und Verschweigen fallen zusammen. Von wunderbarer Diskretion ist der Abdruck der Körper im Gras – ein von den Liebespartnern hinterlassenes, stumm-beredtes Zeichen.

Das Ineinander von Enthüllen und Verhüllen mehrt den erotischen Reiz des Gedichtes – und kitzelt zugleich die Neugier des Lesers. Dieser ist lediglich Hörer des Liedes, aber nicht Zeuge der Liebeshingabe – wie die beneidenswerte, vorbildlich verschwiegene Nachtigall. Tandaradei! *Günter Ott*

KURT TUCHOLSKY

Augen in der Großstadt

Wenn du zur Arbeit gehst
am frühen Morgen,
wenn du am Bahnhof stehst
mit deinen Sorgen:
da zeigt die Stadt
dir asphaltglatt
im Menschentrichter
Millionen Gesichter:
Zwei fremde Augen, ein kurzer Blick,
die Braue, Pupillen, die Lider –
Was war das? vielleicht dein Lebensglück...
vorbei, verweht, nie wieder.

Du gehst dein Leben lang
auf tausend Straßen;
du siehst auf deinem Gang,
die dich vergaßen.
Ein Auge winkt,
die Seele klingt;
du hasts gefunden,
nur für Sekunden...
Zwei fremde Augen, ein kurzer Blick,
die Braue, Pupillen, die Lider;
Was war das? kein Mensch dreht die Zeit zurück...
Vorbei, verweht, nie wieder.

Du mußt auf deinem Gang
durch Städte wandern;
siehst einen Pulsschlag lang
den fremden Andern.
Es kann ein Feind sein,
es kann ein Freund sein,
es kann im Kampfe dein
Genosse sein.
Es sieht hinüber
und zieht vorüber...
Zwei fremde Augen, ein kurzer Blick,
die Braue, Pupillen, die Lider.
Was war das?
Von der großen Menschheit ein Stück!
Vorbei, verweht, nie wieder.

Ein Stück von der Menschheit

Mit Beginn des 20. Jahrhunderts werden die rasant wachsenden Großstädte für die Lyrik zum Themenfeld. Die Lebenswirklichkeit der Metropolen schafft neue Erfahrungen, die zum Ausdruck drängen. Die Dichter des Expressionismus empfinden die Wucht der Städte als bedrohlich – Georg Heyms „Gott der Stadt" etwa, vor Kurzem an dieser Stelle besprochen, ist ein beredtes Beispiel dafür.

Auch Kurt Tucholsky thematisiert in „Augen in der Großstadt" ein Unbehagen an urbaner Existenz, doch tut er dies in anderer Tonlage. Dazu ist der 1890 in Berlin geborene Schriftsteller selbst doch zu sehr Großstadtmensch. Aber auch Tucholskys Gedicht aus dem Jahr 1930 umkreist Phänomene, wie sie typisch sind für das Leben in den unüberschaubar gewordenen Zentren: Anonymität und Einsamkeit.

Das Gedicht besitzt Lied-Charakter, besonders wegen des in allen drei Strophen auftretenden Refrains. Dreigeteilt sind auch die Strophen selbst. Es beginnt jeweils mit einer bedächtig rhythmisierten Situationsschilderung, in welcher sich das Ich im Umfeld der Großstadt wahrnimmt – um dann in einen Mittelabschnitt mit verkürzter Zeile und Paarreim statt des sonst kreuzweisen Reims zu münden. Es ist der harte, hektische Puls der Stadt, der hier in der Strophenmitte herrscht, gestützt durch entsprechende Sprachbilder und Motive („asphaltglatt";

„Millionen Gesichter"). Dagegen ist der die Strophen abschließende, wieder weicher schwingende Refrain bestimmt vom Nachsinnen über das Verhältnis zwischen Ich und Gegenüber. Nicht ohne Grund hebt Tucholsky die Augen hervor, gelten sie doch als „Fenster der Seele", schwingt im Augenkontakt der Wunsch nach vertieftem Austausch mit. Doch die städtische Realität mit ihrer Hast, die nur den Augen-Blick zulässt, durchkreuzt dies, und der Dichter fängt dies nicht zuletzt im Wechsel vom Präsens zum Imperfekt ein: „Was war das?" Menschliche Begegnung – immer schon „vorbei".

Die Melancholie ist nicht zu überhören; und doch wird das Gedicht an keiner Stelle zur herben Klage. Ja, es klingt sogar an – vor allem im Refrain der ersten Strophe mit seinen erotischen Untertönen –, dass aus der Anonymität der Großstadt ein Quäntchen Nektar gezogen werden kann. Auch hat der Verfasser mit subtilen ironischen Einsprengseln Sorge dafür getragen, dass sich seine Verse nicht allzu dunkel färben. Der finale Seufzer entfährt nicht ohne Augenzwinkern: „Von der großen Menschheit ein Stück!" – als handle es sich hier um ein Stück Torte. In der Kunst solch herbsüßer Balance war Kurt Tucholsky, der am 21. Dezember 1935 im schwedischen Exil freiwillig aus dem Leben schied, kaum zu übertreffen. *Stefan Dosch*

WILHELM MÜLLER

Der Lindenbaum

Am Brunnen vor dem Tore,
Da steht ein Lindenbaum:
Ich träumt' in seinem Schatten
So manchen süßen Traum.

Ich schnitt in seine Rinde
so manches liebe Wort;
Es zog in Freud und Leide
Zu ihm mich immer fort.

Ich mußt' auch heute wandern
Vorbei in tiefer Nacht,
Da hab ich noch im Dunkel
Die Augen zugemacht.

Und seine Zweige rauschten,
Als riefen sie mir zu:
Komm her zu mir, Geselle,
Hier findst Du Deine Ruh!

Die kalten Winde bliesen
Mir grad in's Angesicht;
Der Hut flog mir vom Kopfe,
Ich wendete mich nicht.

Nun bin ich manche Stunde
entfernt von jenem Ort,
Und immer hör ich's rauschen:
Du fändest Ruhe dort!

Ein Autor im Schatten seiner Verse

Kaum hat man den ersten Vers gehört, liegt einem schon das Lied auf den Lippen. Hinter Vers und Melodie ist einer nahezu verschwunden, der Autor. Kurz zur Erinnerung: Wilhelm Müller, 1794 geboren, kämpfte aufseiten der Preußen in den Befreiungskriegen gegen Napoleon. Später war er Gymnasiallehrer, Bibliothekar und Hofrat in seiner Heimatstadt Dessau. 1827, erst 33 Jahre alt, starb der Dichter, ein politischer Freigeist in restaurativen Zeiten, an einem Schlaganfall.

„Der Lindenbaum" darf zu den schönsten deutschen Volksliedern gezählt werden. Das wiederum ist weniger Schuberts Vertonung (Druck 1828 posthum) zu verdanken, sondern einem wie folgt korrekt angezeigten Vorgang: „Nach Franz Schubert zu einer Volksmelodie umgearbeitet von F. S." F. S. ist Friedrich Silcher, der 1846 Schuberts Variabilität zu einem vierstimmigen Männerchorlied harmonisierte – und dadurch popularisierte. Man hat Silcher zu Recht vorgehalten, dass er den „Lindenbaum" aus dem Müller-Zyklus „Die Winterreise" isoliert und so zu einem traulichen Text über Heimat und Ruhe idyllisiert habe.

Die Gedichtsammlung, bei der jeder sogleich an den Komponisten Schubert, kaum einer an den Urheber Müller denkt, erzählt von einem wie von fremden Mächten durch winterlich-starre Landschaften getriebenen Wandersmann, den die Liebe zerstört hat. Das hat einen zunehmend abgründigen Ton. Das vorliegende Gedicht (1824) vertraut zunächst auf konventionelle (romantische) Bilder: Brunnen, Tor, Lindenbaum, Traum, Freud und Leid. Auch die Strophen folgen dem Volkslied-Muster der Romantik. Der dreihebige Jambus lässt die in Vers 2 und 4 gereimten, mal ein-, mal zweisilbig endenden Zeilen ruhig dahinfließen. Die Linde erscheint dem lyrischen Ich zunächst als Ort der Liebe und des Glücks. Doch das Glück ist vergangen, abgedrängt in den Traum, in die verführerisch-schmerzliche Erinnerung. Die Szenerie des Gedichts schlägt um, vom Sommer in den Winter, vom Tag in die Nacht, von der Geborgenheit unter der Linde zu dem gleichsam zwanghaft durch die Fremde irrenden Wanderer: „Ich wendete mich nicht".

Er geht, nachdem er allen Halt verloren hat, ohne Ziel, verfolgt vom Rauschen des Lindenbaums, in dem die Sehnsucht nach Ruhe zum Sinnbild wird. In dieser Ruhe klingt die ewige Ruhe an. Setzt man den Lindenbaum wieder in den Kontext der „Winterreise", die ein tödliches Ende zumindest nicht ausschließt, lässt sich die Zeile „Hier findst du deine Ruh" durchaus als Versuchung lesen, dass der „Geselle" just am Ort einstiger Liebeserfüllung seinem Leben ein Ende macht. *Günter Ott*

JOHANN KLAJ

Hellgläntzendes Silber

Hellgläntzendes Silber/mit welchem sich gatten
Der astigen Linden weitstreiffende Schatten/
Deine sanftkühlend-beruhige Lust
Ist jedem bewust.
Wie solten Kunstahmende Pinsel bemahlen
Die Blätter? die schirmen vor brennenden Strahlen/
Keiner der Stämme/so grünlich beziert/
Die Ordnung verführt.
Es lisplen und wisplen die schlupfrigen Brunnen/
Von ihnen ist diese Begrünung gerunnen/
Sie schauren/betrauren und fürchten bereit
Die schneyichte Zeit.

Sommerglanz mit leiser Mahnung

Die idealisierte Lebenswelt der Hirten ist das ganze Barockzeitalter hindurch beliebtes Sujet der Künste, insbesondere der Literatur. In der Pflege solcher Schäferdichtung tat sich im deutschen Sprachraum ein in Nürnberg beheimateter literarischer Zirkel hervor: Der – bis heute bestehende – „Pegnesische Blumenorden", gegründet 1644 von Georg Philipp Harsdörffer und Johann Klaj. Letzterer, 1616 in Meißen geboren, wirkte in Nürnberg als Gymnasiallehrer und wurde später Pfarrer in Kitzingen, wo er 1656 starb.

Klajs Gedicht „Hellglänzendes Silber" stammt aus dem Gründungsjahr des „Blumenordens". Die Farb- und Kontrastschilderung zu Beginn führt gleich hinein ins topografische Zentrum jeglicher Schäferdichtung, in die Natur. Eine sommerlich-impressionistische Szene tut sich auf, in der das Auge die Reflexionen sonnenbestrahlter Lindenblätter als „Silber" erfasst. Die Behaglichkeit dieses Moments fängt der Dichter mithilfe des Versmaßes ein. Der sanft wiegende, auftaktig anhebende Daktylus (eine Hebung, zwei Senkungen) gleitet in allen drei Strophen über das jeweils erste Versende hinweg, sodass die Senkungen am Ende von Vers eins und zu Beginn von Vers zwei sich nahtlos einfügen in das (für Schäferlyrik typische) daktylische Muster. Die Unterbrechung dieses Ebenmaßes im dritten Vers jeder Strophe (Auftakt entfällt!), überhaupt die

Verkürzung der beiden jeweils letzten Verse deuten formal an, dass auf die Naturbetrachtung nun das Räsonnement folgt. Strophe zwei etwa inszeniert ein Kräftemessen der Künste: Die Natur – deren Baumstämme, so ist die entsprechende Zeile wohl zu lesen, alle wohlgeordnet dastehen –, wer vermag sie besser abzubilden, Malerei oder Dichtung? Versteht sich, welcher Seite Klaj sich zuschlägt. Zum Beweis lässt er, in Strophe drei, die Sprache entfalten, was sie über Malerei erhebt: die Klangqualität, die etwa das Wasser sinnlich erfahrbar macht durch „lispeln", „wispeln", „schlupfrige Brunnen" – Klaj weiß hier akustische Eindrücke durch Binnenreime noch zu steigern.

Den Barockdichter gemahnt dahinfließendes Wasser natürlich an die Vergänglichkeit, und so endet das Gedicht mit einer Vorausschau auf den „schneeigen" Winter, Sinnbild des Sterbens – das Memento mori ist für die Dichtung der Zeit (der Dreißigjährige Krieg ist noch nicht zu Ende) fast unabdingbar. Doch wie verhalten im Vergleich zu den sonst schallenden „Bedenke!"-Appellen des Barock verweist Klaj hier auf die Endlichkeit! Diese Subtilität im Umgang mit der Sprache, die auch schon am Beginn aufscheint in der dem Ende entgegengesetzten Lebenslust („sich gatten"), sie macht das Gedicht zum zeitenthobenen Kunstwerk.

Stefan Dosch

FRIEDRICH NIETZSCHE

Oh Mensch! Gieb Acht!

Oh Mensch! Gieb Acht!
Was spricht die tiefe Mitternacht?
„Ich schlief, ich schlief –,
Aus tiefem Traum bin ich erwacht: –
Die Welt ist tief,
Und tiefer als der Tag gedacht.
Tief ist ihr Weh –,
Lust – tiefer noch als Herzeleid:
Weh spricht: Vergeh!
Doch alle Lust will Ewigkeit
will tiefe, tiefe Ewigkeit!"

Jenseits von Tag und Nacht

Eingegangen ist Friedrich Nietzsche (1844 bis 1900) mit seinem Werk in die Philosophiegeschichte. Das Pfarrerskind, das in der christlichen Religion eine Verfallsgeschichte sah und den Menschen ein neues Ziel – den Übermenschen – stiften wollte, schrieb sich auch in die Literaturgeschichte ein. Dichten und Denken war bei Nietzsche eines.

Augenfällig wird diese Einheit in seinem Hauptwerk „Also sprach Zarathustra". Darin erfand Nietzsche in Anlehnung an den altpersischen Religionsstifter einen Philosophiestifter, der Nietzsches Gedanken vom Menschen, der über sich hinauswächst, verkündet. Dieser Mensch, auf den Zarathustra abzielt, der Zarathustra aber noch nicht selbst ist, dieser Mensch wächst nur, wenn er große Gegensätze fasst: Wer nach höchstem Glück strebt, muss auch bereit sein für tiefstes Leid.

In solche Gegensätzlichkeit führt Zarathustras Tanz- und Nachtlied. Hingeleitet wird auf dieses Gedicht in einem Gespräch Zarathustras mit dem Leben, mit dem er sich innig gegen alle Moral verbündet hat. Aber das Leben weiß, dass Zarathustra auch Nachtgedanken kennt. Sie kommen, wenn nachts die alte schwere Glocke schlägt. Die Nachtgedanken trennen Zarathustra letztlich wieder von der Verbrüderung mit dem Leben. Zwölfmal schlägt die Glocke. Zwischen den Schlägen hört Zarathust-ra, was die Mitternacht spricht – elf Verse also zwischen zwölf Glockenschlägen, aufgebaut in einem Wechsel aus zwei- und dreihebigen Jamben; eine Zwiesprache, die anmutet wie Rede und Gegenrede, obwohl nur die Nacht mit ihrer Nachtlogik spricht.

In dieser Nachtlogik gibt es ein Prinzip, das den Tag – der hier auch als das Leben mitgelesen werden kann – umgreift: Das Leben muss vergehen! Das ist das Weh der Welt, der Schrecken allen Lebens, der gerade besonders schmerzlich hervortritt, wenn das Leben emphatisch bejaht wird. Der Nachtgedanke ist abgründig, er will alle Lust hinein- und hinabziehen ins Dunkel.

Nun verquicken sich Verse und Motive. Erst das Weh, dann die Lust, die tiefer als das Herzeleid reicht, wieder das Weh, das dieses „Vergeh" wie einen Fluch ausspricht, schließlich die Lust mit einer Beschwörung der Ewigkeit. Nietzsche zeigt einen Zusammenhang von Werden und Vergehen auf, der in die Ewigkeit weist. In diesem philosophisch bis aufs Äußerste aufgeladenen Hauptmotiv des Zarathustra steckt gleichzeitig auch eine Wahrheit, die jeder kennt, der einen schönen, glücklichen Augenblick von Herzen genießen kann – die Angst vor der Vergänglichkeit verquickt mit der Sehnsucht nach Dauer. Also dichtete einer der poetischsten Philosophen!

Richard Mayr

FRIEDRICH HÖLDERLIN

Sonnenuntergang

Wo bist du? trunken dämmert die Seele mir
Von aller deiner Wonne; denn eben ist's,
Daß ich gelauscht, wie, goldner Töne
Voll, der entzückende Sonnenjüngling

Sein Abendlied auf himmlischer Leier spielt';
Es tönten rings die Wälder und Hügel nach.
Doch fern ist er zu frommen Völkern,
Die ihn noch ehren, hinweggegangen.

Die Götter sind nicht mehr

Friedrich Hölderlin (1770 bis 1843) ist vielleicht der melancholischste Dichter deutscher Sprache. Enttäuschungen im persönlichen wie im politischen Umfeld haben früh zu seiner Zerrüttung beigetragen. Seine Liebe zur Frankfurter Bankiersfrau Susette Gontard blieb unglücklich, und seine politischen Ideale gingen weit über seine Zeit hinaus.

Was hier als zweistrophige Ode vorliegt, ist das Ergebnis einer vom Autor selbst vorgenommenen Kürzung eines in vier Strophen geschriebenen Gedichtes. Diese Kürzung entspricht einer gewissen Resignation, denn nun ist nur noch vom „Sonnenuntergang" die Rede: Das Gedicht ist dabei zwar auch Naturgedicht, vor allem aber Ausdruck eines Verlustes, einer Entbehrung. Der „entzückende Sonnenjüngling", als Erscheinung des Sonnengottes, hat im Abschied von der Erde diese zwar noch mit „goldenen Tönen" versehen (eine poetische Deutung des Abendrotes). Nun aber hat er die Erde verlassen – und das Naturgedicht gewinnt hier symbolische Bedeutung, denn es steht nun die Nacht bevor, mit der auch die Abwesenheit des Gottes droht. Das lyrische Ich versucht in seiner „trunkenen" Seele noch die Erinnerung zu bewahren – und dies ist bei Hölderlin die eigentliche Aufgabe des Dichters. Aber von der „Wonne" und Anwesenheit der Götter kann nur als vergangen gesprochen werden, denn eine Hoffnung auf Wiederkehr besteht nicht mehr. Hatte die frühere Fassung mit dem Titel „Dem Sonnengott" noch mit der Erwartung seiner Wiederkehr – im Naturbild gesprochen: des anderen Tages – geschlossen, so bleibt in der Kurzfassung nur noch das Bedauern.

Hölderlins Gedicht beschreibt nicht einfach einen Sonnenuntergang, sondern es stellt den Verlust der Götter vor Augen, prophezeit gleichsam eine ewige Nacht. Andere Völker mögen noch fromm sein und an die Götter oder die Natur glauben – die Kurzode ist, gerade aufgrund ihrer Kürzung, ein Aufschrei in einer dunkel gewordenen Welt. Hölderlin hatte die längere Fassung Mitte 1798 an Schiller gesandt, erschienen ist aber dann erst die Kurzfassung im „Taschenbuch für Frauenzimmer von Bildung auf das Jahr 1800".

Hölderlin ist damals aber von den wenigsten verstanden oder gar anerkannt worden. Nachdem er sich mehr und mehr in den Wahnsinn als eine Art innere Emigration zurückgezogen hatte (er lebte von 1806 bis zu seinem Tod im noch heute erhaltenen Tübinger Turm am Neckar), lasen ihn die Romantiker, aber seine wirkliche Entdeckung erfolgte erst Anfang des 20. Jahrhunderts. *Mathias Mayer*

MARTIN OPITZ

Das Lied, im Ton: Ma belle je vous prie

Ach Liebste laß uns eilen
Wir haben Zeit:
Es schadet das Verweilen
Uns beiderseit.
Der schönen Schönheit Gaben
Fliehn Fuß für Fuß,
Daß alles, was wir haben
Verschwinden muß.
Der Wangen Zier verbleichet,
Das Haar wird greiß
Der Äuglein Feuer weichet,
Die Flamm wird Eis.

Das Mündlein von Korallen
Wird ungestalt.
Die Händ, als Schnee verfallen,
Und du wirst alt.
Drumb laß uns jetz genießen
Der Jugend Frucht,
Eh dann wir folgen müssen
Der Jahre Flucht.
Wo du dich selber liebest,
So liebe mich,
Gib mir, daß, wenn du gibest
Verlier auch ich.

Es ist Zeit für die Liebe

Es herrschte Krieg, 30 Jahre lang (1618 bis 1648). Was blieb in jenen verheerenden Zeiten den Dichtern des Barock zu sagen? Sie konnten auf göttlichen Beistand hoffen, in sich gehen oder der versöhnenden, selbstlosen Annäherung das Wort reden. Glaube – Mystik – Liebe: Auf diesen drei Motivpfeilern ruht ein Großteil der Barocklyrik.

Der Dichter, „Theoretiker" und Diplomat Martin Opitz (1597 bis 1639) stellte sich in die Tradition der poetisch-rhetorischen Gelehrsamkeit des Humanismus. Er hob die Würde der Poesie hervor, favorisierte die deutschsprachige Dichtung und plädierte in seinem grundlegenden „Buch von der deutschen Poeterey" (1624) unter anderem für die (bis heute gültige) Übereinstimmung von natürlicher und metrischer Wortbetonung.

Die Liebesdichtung der Barockzeit nahm Maß vor allem an Francesco Petrarca (1304 bis 1374). Diesem Vorbild eiferte auch Opitz nach. Der Schlesier griff gern auf ausländische Vorlagen zurück und setzte durch seine Nach- und Weiterdichtung eine eigene deutsche Tradition in Gang.

In seinem „Poeterey"-Regelbuch empfahl Opitz seinen Zeitgenossen das Thema Liebe als „Wetzstein" für ihren „subtilen Verstand". Eine in unseren Ohren merkwürdig gedrechselt klingende Formulierung. Eben dieses gedrechselte, positiv gesagt: artistisch-variantenreiche Spiel mit der Sprachkunst kennzeichnet die Gedichte jener Zeit. Manches klingt, zumal in der programmatischen Verdichtung auf den Gegensatz von Diesseits und Jenseits, einigermaßen hölzern-lehrhaft. Nicht aber unser vorliegendes Beispiel. Es gilt als eines der schönsten Liebeslieder der Epoche.

Sein Kennzeichen ist das Paradox, angestimmt schon in der Auftaktzeile: „eilen" versus „Zeit haben". Letzteres meint hier freilich den rechten Zeitpunkt nutzen, die Gelegenheit beim Schopf packen. Das Gedicht will zur Liebe überreden! Gerade deswegen, weil es um das Vergehen der Zeit weiß, um den Gegensatz von Gegenwart und Zukunft, Schönheit und Verfall, Geben und Verlieren.

Die Verknüpfung der dreihebigen Zeile mit einer zweihebigen Halbzeile, der Wechsel von weiblicher und männlicher Kadenz (Abschluss mit unbetonter/betonter Silbe) gibt den Versen einen innigschönen Klang. Sie beschwören den Augenblick erfüllter Liebe.

Gerade angesichts „der Jahre Flucht" (Memento mori) gilt es, die Frucht der Liebe zu genießen (Carpe diem). Der Dialektik von „Flamm" und „Eis" ist, durchaus in Anspielung auf unser Opitz-Gedicht, noch Bertolt Brecht verpflichtet. In seinem Sonett „Entdeckung an einer jungen Frau" (um 1925) ist es just die Vergänglichkeit, die das Begehren neu entfacht.   *Günter Ott*

JOSEPH VON EICHENDORFF

Zwielicht

Dämmrung will die Flügel spreiten,
Schaurig rühren sich die Bäume,
Wolken ziehn wie schwere Träume –
Was will dieses Graun bedeuten?

Hast ein Reh du lieb vor andern,
Laß es nicht alleine grasen,
Jäger ziehn im Wald und blasen,
Stimmen hin und wider wandern.

Hast du einen Freund hienieden,
Trau ihm nicht zu dieser Stunde,
Freundlich wohl mit Aug und Munde,
Sinnt er Krieg im tückschen Frieden.

Was heut müde gehet unter,
Hebt sich morgen neu geboren.
Manches bleibt in Nacht verloren –
Hüte dich, bleib wach und munter!

Die Schattenseite der Nacht

Für die breite Wahrnehmung ist Joseph von Eichendorff (1788 bis 1857) der Schöpfer stimmungsvoller Naturlyrik, seine Dichtung Inbegriff romantischer Verskunst. Doch Eichendorff war nicht immer nur der Sänger von Mondesnacht und Waldesrauschen, von weiten Tälern und kühlen Gründen. Das Gedicht „Zwielicht" offenbart einen Wesenszug Eichendorff'scher Lyrik, der weniger augenscheinlich zutage tritt als die Feier der Natur, die man gemeinhin mit dem Werk dieses Dichters verbindet: das Bewusstsein von der Gefährdung des Daseins.

Das vierstrophige Gedicht offenbart ein mehrfaches Unbehagen: an der Natur, an der Liebe, an der Freundschaft. Es ist – wie eine ganze Reihe weiterer bekannter Eichendorff-Verse – Bestandteil des 1815 veröffentlichten frühen Romans „Ahnung und Gegenwart" und findet sich dort an bezeichnender Stelle: Als nämlich die Hauptperson Friedrich gewahr wird, dass ihm seine Verlobte durch die Avancen des Prinzen zu entgleiten droht – womit die beiden mittleren Strophen motivisch korrespondieren.

Zwar scheint der erste Vers des Gedichts noch auf den Typus des geistlich grundierten Abendlieds einzustimmen. Dämmerung senkt sich hernieder; doch anstatt friedvolle Stimmung mit sich zu bringen, zeigt sich die Natur in verstörender Weise, sodass im Innern des betrachtenden Sub-

jekts Beklommenheit aufsteigt: „Was will dieses Graun bedeuten?" Natur ist hier Sinnbild „schauriger" Phänomene, und von ihnen sprechen die Mittelstrophen: Die Liebe, sie ist nicht sicher vor dem Auseinanderbrechen, ebenso wenig wie die Freundschaft – beide Male die Folge böswilligen, „tückschen" Sinnens. Der Mensch führt aus, was sich in der Natur lediglich bildhaft spiegelt.

Die Schlussstrophe scheint noch einmal den erbaulichen Duktus religiöser Dichtung aufzugreifen: Wie fühlt man sich doch „neu geboren" zu Beginn eines Tags! Aber Eichendorff reimt darauf „verloren": Die Nacht kann eben auch Verluste mit sich bringen. Dunkel wie die Nacht ist das „Sinnen" der anderen, in das wir nicht vorzudringen vermögen, weshalb wir auf der Hut sein sollten. Das jedenfalls legt uns der Appell des letzten Verses ans Herz.

Dieses „Bleib wach und munter!" steht in herbem Gegensatz zu jeglichem Kult um die Nacht, den es in der Dichtung der Zeit und gerade auch bei Eichendorff nun wahrlich nicht selten gibt. Doch wie gesagt, der Dichter war eben nicht nur ein Beschwörer entgrenzter Stimmungen, er kannte auch die ganz prosaischen Nachtseiten der Existenz.

Für den Eichendorff-Leser aber kühlt sich die hymnische Temperatur des berühmten Gedichts „Mondnacht" ein wenig herunter, wenn man „Zwielicht" kennt. *Stefan Dosch*

EDUARD MÖRIKE

Septembermorgen

Im Nebel ruhet noch die Welt,
Noch träumen Wald und Wiesen:
Bald siehst du, wenn der Schleier fällt,
Den blauen Himmel unverstellt,
Herbstkräftig die gedämpfte Welt
In warmem Golde fließen.

Ein Augen-Blick zwischen den Zeiten

Es ist die Magie eines Zeitpunktes, die der gerade einmal 23-jährige Eduard Mörike in diesem kleinen Gedicht festgehalten hat. In einer feinsinnigen und leicht zu übersehenden Regie von Überraschungen und Wiederholungen stellen die gleichmäßig fortschreitenden, jambischen Verse eine Balance zwischen Ruhe und Bewegung dar. Der September erscheint als Übergang zum Herbst, der Morgen als Vermittlung zwischen der natürlichen Ruhe des Nebels und der sich nach und nach durchsetzenden Sonne. Behutsame Spannungen zwischen dem zweimaligen „noch", das an Vergangenes erinnert, und dem „Bald siehst du", als Andeutung des Zukünftigen, finden ihre Entsprechung in der Gegenüberstellung der verschleierten Natur und ihrer farbigen Offenbarung. Das Gedicht wird zum magischen Augen-Blick, zur Enthüllung eines gar nicht sonderlich aufregenden Vorgangs, der sogar für diesen Zeitpunkt typisch ist.

Und doch war Mörike dieses Gedicht wichtig, er schrieb es immer wieder einmal in seinen Briefen an seine Freunde ab, selbst nachdem es schon gedruckt zu lesen war. Mörike ist selbst im September geboren (am 8. September), aber das Gedicht hat diese Überschrift erhalten, obwohl es gar nicht, wie man meinen sollte, in dieser Zeit entstanden ist. Geschrieben wurde es vielmehr am 18. Oktober 1827, sodass man sagen kann: Die Überschrift ist hier weniger Datum als Programm. Gedruckt wurde das Gedicht ein Jahr später, allerdings wirklich im September 1828, im „Morgenblatt", und Mörike, ein strenger Kritiker seiner lyrischen Fantasie, nahm es in alle seine Gedichtsammlungen auf, die er doch zwischen 1838 und 1867 mit zum Teil wechselndem Bestand herausbrachte.

Das kleine Kunstwerk in seiner einfach erscheinenden Struktur – nur zwei Reime, im einen Fall vierhebige, im anderen Fall dreihebige Verse – hat bereits die Zeitgenossen gefesselt. Vertonungen von Gustav Pressel und Bernhard Gugler hat Mörike selbst noch kennengelernt. In einer für den Dichter typischen raffinierten Unscheinbarkeit verabschiedet sich das Gedicht von der träumerischen Unbestimmtheit der Romantik, es bricht auf zu einer „unverstellten" Erkenntnis, „wenn der Schleier fällt", – und doch ist es alles andere als eine Desillusionierung. Mörikes taktvolle Moderne liegt vielmehr im Ausgleich von Kraft und Zähmung – „Herbstkräftig die gedämpfte Welt" –, um dann in der magischen Gemeinsamkeit von Farbe, Wärme und Bewegung zu schließen. Ihre sozusagen synästhetische Bedeutung verdankt sie dem Schöpfungsaugenblick des Gedichts, das den Schleier des Nebels zwar auflöst, aber zugleich den Schleier der Dichtung noch über den sonnigen Herbsttag wirft.

Mathias Mayer

GEORG TRAKL

Verfall

Am Abend, wenn die Glocken Frieden läuten,
Folg ich der Vögel wundervollen Flügen,
Die lang geschart, gleich frommen Pilgerzügen,
Entschwinden in den herbstlich klaren Weiten.

Hinwandelnd durch den dämmervollen Garten
Träum ich nach ihren helleren Geschicken
Und fühl der Stunden Weiser kaum mehr rücken.
So folg ich über Wolken ihren Fahrten.

Da macht ein Hauch mich von Verfall erzittern.
Die Amsel klagt in den entlaubten Zweigen.
Es schwankt der rote Wein an rostigen Gittern,

Indes wie blasser Kinder Todesreigen
Um dunkle Brunnenränder, die verwittern,
Im Wind sich fröstelnd blaue Astern neigen.

Der Sturz aus dem Himmel

„Am Abend" – so beginnen einige Gedichte Georg Trakls (1887 bis 1914). Sie führen in Dämmerung und Nacht, in düstere Melancholie, in Traumsphären und Todesahnungen. Die vorliegenden Verse, 1909 geschrieben, sind in der vom Dichter selbst zusammengestellten Sammlung seiner „Gedichte" 1913 erschienen. Trakls Sonett ist bereits das zweite Beispiel mit dem Titel „Verfall".

Was für eine nahezu idyllische Stimmung am Anfang, was für eine musikalische Sprache! Auch das kehrt bei Trakl wieder, naturinnige Bilder, die das lyrische Ich einhüllen, es tragen und seiner Erdenschwere entheben. Gleich utopischen Inseln schweben diese Verse durch Trakls Opus. Man könnte auch von Flucht- und Sehnsuchtsräumen sprechen. „Glocken", „Frieden" und „Pilgerzüge" legen religiöse Assoziationen nahe. Der Blick geht in den beiden Quartetten, deren Harmonie auch durch den umarmenden Reim (abba) gestützt wird, zum Himmel, zum Wunder des Vogelflugs, ins Grenzenlose über den Wolken. Es ist, als vernähmen wir das Echo der Romantik. Sehen, Hören und Empfinden kulminieren im Traum der stillgelegten Zeit, des dauernden Augenblicks.

Und dann macht das unscheinbare Wörtchen „Da" alles zunichte. Vorbei der Traum, vorbei die das Innerste beglückende sinnliche Erfahrung. Die beiden Terzette markieren den schaudervollen Kontrast. Sie färben im Nachhinein auch die ersten acht verheißungsvollen Zeilen dunkler. Plötzlich erhält das Wort „entschwinden" den Klang des Endgültigen und im „hinwandeln" lesen wir den Wandel mit.

Den Vögeln steht die Amsel entgegen, „Pilgerzügen" der „Todesreigen"; die „helleren Geschicke" werden abgelöst von „dunklen Brunnenrändern". Das Gedicht ist der Vollzug des alles verkehrenden Blickwechsels. Die schönen Bilder des Anfangs stürzen aus den Himmelsweiten ins beklemmend Irdische. Erzittern, klagt, entlaubt, schwankt, rostig, blass, verwittern, fröstelnd… eine um Kälte, Vergehen, Tod geschlungene Wortkette, die dem Gedicht das Moll des Trauer- und Abschiedsgesangs mitgibt.

Trakls sanfte Abendstimmung, der Gang durch den herbstlichen Park mündet in späteren Gedichten vielleicht noch bildradikaler in den Verfall. Beispiele: „Am Abend: Schritte gehn durch schwarzes Land". „Am Abend, wenn wir auf dunklen Pfaden gehen,/Erscheinen unsere bleichen Gestalten vor uns." Hier ist der „Todesreigen" nicht mehr durch das vergleichende „wie" gemildert.

Hier führt der Weg in die „schwarze Verwesung" des späten „Grodek"-Gedichts – in das, was der Dichter 1910 die „fürchterliche Ohnmacht" genannt hat.   *Günter Ott*

FRIEDRICH RÜCKERT

Mit 40 Jahren

Mit vierzig Jahren ist der Berg erstiegen,
Wir stehen still und schau'n zurück;
Dort sehen wir der Kindheit stilles liegen
Und dort der Jugend lautes Glück.

Noch einmal schau, und dann gekräftigt weiter
Erhebe deinen Wanderstab!
Hindehnt ein Bergesrücken sich, ein breiter,
Und hier nicht, drüben geht's hinab.

Nicht atmend aufwärts brauchst du mehr zu steigen,
Die Ebene zieht von selbst dich fort;
Dann wird sie sich mit dir unmerklich neigen,
Und eh' du's denkst, bist du im Port.

Festhalten, was ist

Für den Gang des Lebens kennt die Dichtung eine ganze Reihe von Bildern. So begegnet man beispielsweise dem Tageslauf als Spiegelung des Lebenslaufs: der Morgen als Zeit von Geburt und Jugend, Alter und Tod am Abend und in der Nacht. Ähnliche Wechselbeziehungen zu den Lebensaltern knüpft die Lyrik auch im Falle der Jahreszeiten.

Friedrich Rückert (1788 bis 1866) bedient sich in seinem Gedicht einer anderen, ebenfalls beliebten Metapher: das Leben – ein Berg. Einer solchen Geländeerhebung entspricht das Dasein des Menschen, auch im Falle des höchsten Punkts. Im Gedicht ist dieser Scheitel zwischen An- und Abstieg festgesetzt auf das menschliche Alter von 40 Jahren, wohl eingedenk des Verses aus dem 90. Psalm: „Unser Leben währet siebzig Jahre, und wenn's hoch kommt, so sind's achtzig Jahre". Im 40-Jährigen, könnte die zugrunde gelegte Annahme lauten, haben Erfahrung und Lebenskraft den Gipfel erreicht.

Wer hier oben steht, verweilt und sieht – davon spricht die erste Strophe – zurück auf den bisherigen Weg. Kindheit und Jugend geraten in den Blick, angesichts des „stillen" wie des „lauten Glücks" weht aus der Ferne leise Melancholie heran. Denn vom Glücksempfinden wird im weiteren Verlauf nicht mehr die Rede sein. Die Zeit drängt unerbittlich, „gekräftigt weiter" lautet der Appell in Strophe zwei, der Gipfelrast folgt jetzt eine längere Etappe in kaum minderer Höhe. „Hindehnt ein Bergesrücken sich, ein breiter": Man muss den Vers einmal laut sprechen, um zu erfassen, welch subtile Klangeffekte der Dichter hier entfacht. Wie tritt das Sich-Dehnen des Wegs doch plastisch vor Augen durch die Häufung des e-Vokals!

Nicht weniger einfühlsam geht Rückert in der dritten Strophe zu Werke. Der Abstieg in seinem doppelten Sinn (Berg/Leben) wird mit hoher Musikalität intoniert. Geht eine „unmerkliche" klangliche Eindunkelung bereits im vorletzten Vers vor sich, setzt mit der Schlusszeile eine regelrechte, nun auch im Tempo zunehmende melodische Fallbewegung ein: sprachliche Entsprechung der Erfahrung, dass mit fortschreitendem Alter sich auch die Zeitwahrnehmung beschleunigt. Unten, am Ende der Linie, der „Port", der ebenso dunklen Klangwert besitzt wie das Wort, für das er steht: Tod.

Abgesehen von seiner Bildhaftigkeit und dem kunstvollen Spracheinsatz besticht das Gedicht, das Friedrich Rückert als 44-Jähriger 1832 geschrieben hat, noch durch eine andere Eigenheit. Es wird keine Klage geführt über das Leben zum Tode; und es unterbleibt der Fingerzeig auf das Jenseits. Klangvoll nüchtern hat der Dichter festgehalten, was ist.

Stefan Dosch

CONRAD FERDINAND MEYER

Zwei Segel

Zwei Segel erhellend
Die tiefblaue Bucht!
Zwei Segel sich schwellend
Zu ruhiger Flucht!

Wie eins in den Winden
Sich wölbt und bewegt,
Wird auch das Empfinden
Des andern erregt.

Begehrt eins zu hasten,
Das andre geht schnell,
Verlangt eins zu rasten,
Ruht auch sein Gesell.

Die Liebe kommt in Fahrt

Hofmannsthal urteilte wohlwollend über die Lyrik Conrad Ferdinand Meyers. Er sprach von „vielleicht zwölf oder fünfzehn" Gedichten, „die dem höchsten Rang sich nähern, und sieben oder acht, die ihn erreichen". Vermutlich zählte er auch „Zwei Segel" zu dieser Perlenkette.

Meyer (1825 bis 1898) fand eher selten spontan zum Gedicht. Die Regel sind lange Phasen zwischen den ersten Entwürfen und der letzten Fassung. So war es auch hier. Anläufe datieren von 1870, die endgültige Version fällt ins Jahr 1882. Der Text fand Aufnahme in Meyers Sammlung „Gedichte" von 1892, und zwar in der Abteilung V zum Stichwort „Liebe". Damit ist das Thema umrissen. Meyer setzt die Segel als Sinnbild inniger menschlicher Verbundenheit. Ein Echo hat dieses (in der Poesie durchaus vertraute) Symbol jüngst in einem Interview der französischen Schauspielerin Fanny Ardant gefunden. Sie sagte: „Wenn man etwas tut, das man liebt, entsteht eine Bereitschaft und eine Wärme. Man ist dann wie ein Segel im Wind."

Meyers Liebesgedicht ist wunderbar gebaut. Das artistische Gebilde triumphiert über das persönliche Erleben. Der Kreuzreim verschränkt die daktylisch (zwei Hebungen pro Zeile) voranschreitenden Verse, die abwechselnd weiblich und männlich enden. Der von e-Lauten dominierte Parallelismus

(Vers 1 und 3) sowie kontrastierend dazu die u-Laute und das tiefe Blau setzen das Gedicht in Gang. Ihm ist der gemeinsame Aufbruch eingezeichnet.

Strophe 2, von fünf anlautenden w-Lauten vorangetrieben, führt die seelische Bewegung ein („Empfinden", „erregt"). Strophe 3 schreibt den Segeln vollends menschliche Eigenschaften zu. Geben und Nehmen werden im „Gesell" (= ein Anagramm zu „Segel") zusammengeführt. In diesem Begriff kulminiert die Harmonie „des einen" und „des anderen" und kommt in der Liebeseinheit zur Ruhe. Auffallend, dass das Wort „ruht" betont ist. Zieht man zum Vergleich Meyers „Spätboot"-Lyrik heran, darf man in der Schlusszeile die ewige Ruhe mitlesen.

Schlagen wir abschließend einen Bogen vom Dichter zu van Gogh und seinem Kontrastbild „Fischerboote am Strand von Les Saintes-Maries-de-la-Mer" (Arles, 1888). Vier Boote sind einträchtig an Land, vier verstreut auf dem Meer. Van Gogh träumte im Süden Frankreichs von einer neuen Künstlergemeinschaft (mit Paul Gauguin). Als Symbol dafür steht das formal und farbig bekräftigte Beieinander der Segelboote am Strand, zumal eines auf den Namen „amitié" (Freundschaft) getauft ist. Bekanntlich platzte van Goghs Traum. Die Boote von Arles stachen nie in See… *Günter Ott*

NIKOLAUS LENAU

Himmelstrauer

Am Himmelsantlitz wandelt ein Gedanke,
Die düstre Wolke dort, so bang, so schwer;
Wie auf dem Lager sich der Seelenkranke,
Wirft sich der Strauch im Winde hin und her.

Vom Himmel tönt ein schwermutmattes Grollen,
Die dunkle Wimper blinzet manches Mal,
So blinzen Augen, wenn sie weinen wollen, –
Und aus der Wimper zuckt ein schwacher Strahl. –

Nun schleichen aus dem Moore kühle Schauer
Und leise Nebel übers Heideland;
Der Himmel ließ, nachsinnend seiner Trauer,
Die Sonne lässig fallen aus der Hand.

Kein Licht mehr und kein Leben

Es gibt Poeten, die man sogleich mit einem Gedicht beziehungsweise mit Versen verbindet. Bei Nikolaus Lenau (1802 bis 1850) ist das meist „Der Postillon": „Lieblich war die Maiennacht/Silberwölklein flogen…"

In Lenau hallt die Romantik nach, auch wenn sie zusehends eingefasst wird von einem Trauerrand. Das Spätwerk ist gezeichnet von Einsamkeit und Schwermut, von Vergänglichkeit und Untergang.

Franz Nikolaus Niembsch, in einem Städtchen im ungarischen Banat geboren (heute zu Rumänien gehörend), erbte vom Großvater den Adelstitel Edler von Strehlenau, dem er sein Dichterpseudonym Lenau entnahm. (Der ursprüngliche Name „Niembsch" hat unter anderem dank Peter Härtling überlebt, der dieser zerrissenen Dichterexistenz 1964 einen schönen Roman gewidmet hat.)

Lenau nannte sich einen „unsteten Menschen auf Erden". Unstet war schon das nicht abgeschlossene Studium, auch der Wechsel zwischen Wien und Württemberg (Schwäbischer Dichterkreis). Und Unglück brachte die Liebe. 1832 wanderte Lenau nach Amerika aus, hoffte auf eine neue Existenz und Poesie, kehrte aber bereits 1833 tief enttäuscht von den Menschen dort („tot für alles geistige Leben") in die Heimat zurück. Die letzten Jahre waren vom Wahnsinn überschattet. Lenau sah sich als einen lebenslang zur Melancholie Verurteilten: „Der

Kompass meiner Seele zittert immer wieder zurück nach dem Schmerze des Lebens." Man könnte auch den Schlussvers eines Sonetts von 1838 anführen: „Die ganze Welt ist zum Verzweifeln traurig."

Diese Verzweiflung und Verlorenheit trägt Lenau ins Gedicht, und zwar mit solcher Meisterschaft, dass Natur und Innenleben verschmelzen. Dafür steht schon zum Auftakt unseres Gedichts das Wort „Himmelsantlitz", im Weiteren der kühne Vergleich des hin und her geworfenen „Seelenkranken" mit dem „Strauch im Winde", sodann ein in eigensinniger Bildüberblendung aufziehendes Seelengewitter („schwermutmattes Grollen").

Das Gedicht, durch das eine metrische Unruhe läuft, zeichnet eine fallende Bewegung nach. Sie sammelt sich in den großartigen Schlussversen, in der überwältigenden Trauer des Himmels, der sein Kostbarstes, die Sonne, das Licht, aus der Hand fallen lässt. Und wie?: „lässig". In der ersten Druckfassung des 1832 in Lenaus erstem Band publizierten Gedichts hatte es noch „langsam" geheißen. Was ein einziges Wort, provozierend locker gewählt, auslösen kann!

Das Gedicht „Himmelstrauer", besonders das Natur und Mensch ins Schwarz stürzende Schlusstableau, weist in seiner Expressivität voraus. Es hat seinen Grund, dass zumal die Jugend-Dichtungen Trakls auch auf Lenau deuten. *Günter Ott*

RAINER MARIA RILKE

Das Karussell

Jardin du Luxembourg

Mit einem Dach und seinem Schatten dreht
sich eine kleine Weile der Bestand
von bunten Pferden, alle aus dem Land,
das lange zögert, eh es untergeht.
Zwar manche sind an Wagen angespannt,
doch alle haben Mut in ihren Mienen;
ein böser roter Löwe geht mit ihnen
und dann und wann ein weißer Elefant.

Sogar ein Hirsch ist da, ganz wie im Wald,
nur dass er einen Sattel trägt und drüber
ein kleines blaues Mädchen aufgeschnallt.

Und auf dem Löwen reitet weiß ein Junge
und hält sich mit der kleinen heißen Hand,
dieweil der Löwe Zähne zeigt und Zunge.

Und dann und wann ein weißer Elefant.

Und auf den Pferden kommen sie vorüber,
auch Mädchen, helle, diesem Pferdesprunge
fast schon entwachsen; mitten in dem Schwunge
schauen sie auf, irgendwohin, herüber –

Und dann und wann ein weißer Elefant.

Und das geht hin und eilt sich, dass es endet,
und kreist und dreht sich nur und hat kein Ziel.
Ein Rot, ein Grün, ein Grau vorbeigesendet,
ein kleines kaum begonnenes Profil –.
Und manchesmal ein Lächeln, hergewendet,
ein seliges, das blendet und verschwendet
an dieses atemlose blinde Spiel...

Mädchen, die herüberschauen

Zeitlebens war Rilke (1875 bis 1926) ein Liebhaber von Parks und Gärten, ein Faible, von dem die Lyrik des Dichters vielfach Zeugnis gibt. Insbesondere die Grünanlagen von Paris waren dem Flaneur wiederholt Inspiration für Gedichte, darunter einige seiner bekanntesten. Hierzu gehört auch „Das Karussell", entstanden im Sommer 1906 und später aufgenommen in die Sammlung der „Neuen Gedichte". In der Unterzeile des Titels nimmt Rilke Bezug auf den Ort: „Jardin du Luxembourg".

Hier also, im „Luxemburgischen Garten" in Paris, gerät ein Karussell in den Blick eines Betrachters. Was er sieht, wird mitgeteilt in so prägnanter wie einfacher Manier. Ein kreisendes Gefährt voller Tierfiguren, auf denen Kinder sitzen. Keine Metapher stellt hier dem Verständnis Hürden, Rilke nennt die „Dinge" schlicht beim Namen. Der Kindlichkeit des zirkulierenden Geschehens entspricht die Sprache in ihrem unkomplizierten Realismus. Wobei der Dichter die Sphären des (als erwachsen anzunehmenden) Betrachters und des Objektes der Betrachtung mischt – etwa in der Gestalt des „bösen" Löwen, aber auch in der Diktion der umliegenden Sätze („ein Hirsch ist da, ganz wie im Wald").

Kunstvoll festgehalten ist die Bewegung des Karussells. Komplexe visuelle Eindrücke reduzieren sich, quasi im Vorüberfliegen, zu reinen Farbimpressionen. Ist etwa dem Blau zunächst noch ein „Mädchen" zugeordnet, tauchen Kinder und Karusselltiere in der letzten Strophe nur noch als Farbwerte auf. Das augenfälligste Zeichen des Kreisens manifestiert sich jedoch im berühmt gewordenen Vers „Und dann und wann ein weißer Elefant": Nicht nur erscheint das seltsame Tier dem Betrachter mal um mal, es zieht sich auch nach Art von Kinderliedern als Kehrreim durch das Gedicht. Ist Rilkes „Karussell", thematisch einem Kindervergnügen gewidmet, also auch aufgrund seiner sprachlich-formalen Eigenschaften eine – wenngleich virtuose – Spielerei? Mitnichten. Schon die Verse 3 und 4 verdunkeln die unbeschwerte Welt der frühen Tage durch den Hinweis auf das „Land, / das lange zögert, eh es untergeht", ein mollgetönter Anklang an den Verlauf der Kindheit. Die vierte Strophe greift das Motiv auf mit den „Mädchen, helle, diesem Pferdesprunge / fast schon entwachsen"; Mädchen, die „herüber" schauen zum Betrachter, in die Welt der Erwachsenen.

Es ist der Kindheit eingeschrieben, dass sie der Vergänglichkeit unterliegt. Darin gleicht sie den weiteren Lebensaltern wie überhaupt der menschlichen Existenz. Der Schluss unterstreicht diesen Zusammenhang noch einmal: Das Karussell, „dieses atemlose blinde Spiel" – Sinnbild nicht zuletzt für den Kreislauf des Lebens.   *Stefan Dosch*

CLEMENS BRENTANO

Wenn der lahme Weber träumt

Wenn der lahme Weber träumt, er webe,
Träumt die kranke Lerche auch, sie schwebe,
Träumt die stumme Nachtigall, sie singe,
Daß das Herz des Widerhalls zerspringe,
Träumt das blinde Huhn, es zähl' die Kerne,
Und der drei je zählte kaum, die Sterne,
Träumt das starre Erz, gar linde tau' es,
Und das Eisenherz, ein Kind vertrau' es,
Träumt die taube Nüchternheit, sie lausche,
Wie der Traube Schüchternheit berausche;
Kömmt dann Wahrheit mutternackt gelaufen,
Führt der hellen Töne Glanzgefunkel
Und der grellen Lichter Tanz durchs Dunkel,
Rennt den Traum sie schmerzlich übern Haufen,
Horch! die Fackel lacht, horch! Schmerz-Schalmeien
Der erwachten Nacht ins Herz all schreien;
Weh, ohn' Opfer gehn die süßen Wunder,
Gehn die armen Herzen einsam unter!

Magisches Textgewebe

Ein Traumgedicht! Gleich der Auftakt – acht e-Laute in sieben Wörtern – intoniert ein buchstäblich erhebendes Empfinden. Dabei bleibt offen, ob das „wenn" temporal oder konditional aufzufassen ist, ob also die weiteren Träume selbstständig vonstattengehen oder ob sie dem Traum des Webers untergeordnet, von diesem abhängig sind.

Wie immer, die magisch wiederholten Traumketten ziehen den Leser immer tiefer in ein wunderbares Geschehen. In ihm kommt das ansonsten Geschiedene überein. Das Wunder besteht in der Heilung. Der lahme Weber webt, die kranke Lerche schwebt, die stumme Nachtigall singt... Es sind nicht irgendwelche, sondern fundamentale Mängel, die der Traum behebt. Mit anderen Worten: Der Traum ist die einzige Möglichkeit, um zu leben.

Ein Paradox. Dieses erfährt eine verwirrende Steigerung, indem plötzlich auch das „Erz" und das „Eisenherz" träumen, mehr noch Eigenschaften wie die „Nüchternheit" und die „Schüchternheit". Die zuletzt genannten Worte bindet allein der Klang zusammen. Brentano rückt die Sprache zusehends aus dem gewohnten Sinn und Verstand. Auch dadurch, dass er Redensarten wie „Ein blindes Huhn findet auch mal ein Korn", „er kann nicht bis drei zählen" usw. abwandelt. Das virtuose Sprach- und Traumspiel ist sich nicht selbst genug. Es ruht offenbar auf christlichem Grund. Die Eingangsverse rufen Matthäus 11,5 in Erinnerung: „Blinde sehen und Lahme gehen, Aussätzige werden rein und Taube hören..." Überdies gewinnt auch die Auftaktzeile heilsgeschichtliche Bedeutung: Gott wird in Jesaja 38,12 mit einem „Weber" verglichen. Dieser „Weber" hat zugleich poetologische Bedeutung: Denn es ist der Dichter, der webt, der den Traum und seine wohltuende Wirkung in die Sprach- und Klangtextur flicht.

Doch in Zeile 11 bricht die Wahrheit ins Gedicht. Der zuvor fließende Ton und das Metrum schlagen um, der Rhythmus kommt ins Stocken: „Horch!, die Fackel lacht, horch..." Die Wahrheit steckt grelle Lichter auf, sie reißt aus Nacht und Traum. Ist das Heil, sind die „süßen Wunder" nur mehr durch das (religiöse?) „Opfer" zu erlangen? Und welches? Und von wem? Zugleich intensiviert Brentano durch Assonanz, Binnenreim und Synästhesie („die Fackel lacht") das Echo des Sprachraums. Der in sich verspiegelte, singende und klingende Wortreigen ist nirgends in den 18 Zeilen durch einen Punkt am Zeilenende getrennt. Das Gedicht, 1838 erstmals im Anhang des „Gockel, Hinkel und Gackeleia"-Märchens erschienen, schlingt um Traum und Wirklichkeit das magische Band des Gedichts und hält sie so in fragiler Schwebe. *Günter Ott*

CHRISTIAN HOFMANN VON HOFMANNSWALDAU

Die Welt

Was ist die Welt, und ihr berühmtes Gläntzen?
Was ist die Welt und ihre gantze Pracht?
Ein schnöder Schein in kurtz-gefaßten Grenzen,
Ein schneller Blitz bey schwartz-gewölckter Nacht;
Ein buntes Feld, da Kummer-Disteln grünen;
Ein schön Spital, so voller Kranckheit steckt.
Ein Sclaven-Haus, da alle Menschen dienen,
Ein faules Grab, so Alabaster deckt.
Das ist der Grund, darauf wir Menschen bauen
Und was das Fleisch für einen Abgott hält.
Komm, Seele, komm, und lerne weiter schauen,
Als sich erstreckt der Circkel dieser Welt.
Streich ab von dir derselben kurtzes Prangen;
Halt ihre Lust für eine schwere Last;
So wirst du leicht in diesen Port gelangen,
Da Ewigkeit und Schönheit sich umfaßt.

Schnöde, schöne Welt

An nichts anderem hat sich die Dichtung des Barockzeitalters mehr abgearbeitet als an der „Welt". Mit einheitlichem Zungenschlag: Die Welt, das ist nichts anderes als Blendwerk. In dieser Tradition steht auch das Gedicht von Christian Hofmann von Hofmannswaldau (1616 bis 1679).

Zwei Fragen in nahezu identischen Sätzen stehen am Beginn, Fragen nach dem Wesen der Welt. Sechs Antworten folgen, die der Dichter ebenso in parallele Wortreihen setzt und damit einen Argumentations-Turm aufschichtet – mit negativer Zielrichtung, versteht sich. Die Metaphern sprechen Klartext: Die Welt, das ist „ein schnöder Schein" (wie das verführerische Funkeln eines Edelsteins), das ist ein heller Augenblick in langer Dunkelheit, ein schön gebautes Haus, dessen Mauern doch nur menschliche Gebrechen verbergen usw. In diesen sechs Versen folgt jeglicher weltlicher Erscheinung die sofortige Entlarvung als Trugbild. Nochmals subtil gesteigert in der letzten Antwort, wo die Abfolge von Illusion und Wahrheit sich umkehrt, da es nach der Logik des Vorangegangenen doch heißen müsste: ein Alabaster, der ein faules Grab deckt.

Am Anfang der zweiten Gedichthälfte wird der tatsächliche Charakter der Welt noch einmal bilanziert und zugleich die Perspektive bezeichnet, in welcher der Mensch der Welt begegnet – fälschlicherweise nur auf das „Fleisch", auf die Materie vertrauend. Doch zeigt derselbe Vers schon die einzig gültige Richtung an, indem er auf den Himmel verweist („Abgott"). Das rechte Organ für das Erkennen dieses Welt-Gegenorts ist die Seele, an die sich dann auch die verbleibenden sechs Zeilen des Gedichts wenden. Zuletzt der Hinweis auf den Lohn beim Einlaufen in den Lebenshafen („Port") – gemäß barocker Frömmigkeit ist das die „Ewigkeit" des Paradieses.

Dringende Empfehlung der Weltabkehr also? Hofmannswaldau war keineswegs ein Verächter alles Diesseitigen. Der weit gereiste Breslauer stand mit beiden Beinen im Leben und hat nicht wenige sinnenfreudige Verse verfasst. Tatsächlich verfällt auch sein Gedicht über „Die Welt" nicht in den Gestus des Türzuschlagens, wie das beim Kollegen Andreas Gryphius der Fall ist. Hofmannswaldaus „Komm, Seele, komm" ist denn auch mehr lockender als fordernder Appell.

Ein Weiteres kommt hinzu, ein Paradox: Ausgerechnet die Schönheit nimmt Hofmannswaldau zum Vehikel, um die schöne Welt zu demaskieren. Denn es ist – vor allem in den Versen 3 bis 8 – die blendende Sprachkunst mit all ihren rhetorischen Tricks, die das Diesseits als Einbildung entlarvt. In der Scheinhaftigkeit der Welt gebührt der (Dicht-)Kunst ein Sonderstatus.   *Stefan Dosch*

GERRIT ENGELKE

Lokomotive

Da liegt das zwanzigmeterlange Tier,
Die Dampfmaschine,
Auf blankgeschliffener Schiene
Voll heißer Wut und sprungbereiter Gier –
Da lauert, liegt das langgestreckte Eisen-Biest –
Sieh da: wie Oel- und Wasserschweiß
Wie Lebensblut, gefährlich heiß
Ihm aus den Radgestängen: den offnen Weichen fließt.
Es liegt auf sechzehn roten Räder-Pranken,
Wie fiebernd, langgeduckt zum Sprunge
Und Fieberdampf stößt röchelnd aus den Flanken.
Es kocht und kocht die Röhrenlunge –
Den ganzen Rumpf die Feuerkraft durchzittert,
Er ächzt und siedet, zischt und hackt
Im hastigen Dampf- und Eisentakt, –
Dein Menschenwort wie nichts im Qualm zerflittert.
Das Schnauben wächst und wächst –
Du stummer Mensch erschreckst –
Du siehst die Wut aus allen Ritzen gähren –

Der Kesselröhren-Atemdampf
Ist hochgewühlt auf sechzehn Atmosphären:
Gewalt hat jetzt der heiße Krampf:
Das Biest es brüllt, das Biest es brüllt,
Der Führer ist in Dampf gehüllt –
Der Regulatorhebel steigt nach links:
Der Eisen-Stier harrt dieses Winks!:
Nun bafft vom Rauchrohr Kraftgeschnauf:
Nun springt es auf! nun springt es auf!

Doch:

Ruhig gleiten und kreisen auf endloser Schiene
Die treibenden Räder hinaus auf dem
blänkernden Band,
Gemessen und massig die kraftangefüllte Maschine,
Der schleppende, stampfende Rumpf hinterher –
Dahinter – ein dunkler – verschwimmender Punkt
Darüber – zerflatternder – Qualm –

Ein Tier auf Schienen

Was wir hier hören, ist „Maschinen-Musik". Das Wort kommt in Gerrit Engelkes Gedicht „Die Fabrik" vor – neben dem „heißdurchkochten Turmgestein" und „dickem Qualmgewölk". Arbeit, Technik, Großstadt – das sind seine Themen. Engelke, 1890 in Hannover geboren, beginnt 1910/11 zu dichten. Richard Dehmel wird sein Mentor. Im letzten Kriegsjahr 1918 stirbt er in Frankreich an den Folgen einer schweren Verletzung.

1921 erscheint ein Band mit seinen gesammelten Gedichten unter dem bezeichnenden Titel „Rhythmus des neuen Europa". Den neuen Rhythmus gibt nicht zuletzt die Eisenbahn vor. Ihr Ausbau in Deutschland nahm nach der Reichsgründung 1871 rapide zu. Dichter und Maler (wie Turner, Menzel, Monet) widmen sich den Feuer speienden Ungetümen samt (triumphalen) Rauchfahnen.

Gerrit Engelke geht in seinem Gedicht ganz nah an die Lokomotive heran. Er rückt sie mit dem Zeigegestus („da liegt", „da lauert", „sieh da") groß und ungeheuer ins Bild, schneidet sie ab von aller Umgebung. Der stoßende, in energiegeladenen Variationen das Maschinen-Tier umkreisende Sprachrhythmus läuft geradezu heiß an dem dampfenden, zischenden, Feuer speienden Monstrum. Noch liegt es (im Bahnhof), aber Engelke arbeitet durch expressive Wiederholung auf den visionären Höhepunkt zu: „Nun springt es auf! nun springt es auf!" Die Lok wird zur Wildkatze. Hier walten rohe Kräfte, hinterhältig und explosiv. „Das Schnauben wächst", das Menschlein verstummt. Der Dichter wendet seine ganze Sprachkraft auf, um der ungebärdigen Dampfmaschine Herr zu werden. Faszination treibt ihn und Schrecken.

„Eisen-Biest" – Technik und Tier verschmelzen in vielen Texten jener Zeit zum selbstmächtigen Doppelwesen. Man denke an Gerhart Hauptmanns Erzählung „Bahnwärter Thiel". In ihr entlädt sich das Gewaltpotenzial des Schnellzugs in der seelischen Katastrophe.

Anders bei Engelke. Er reißt die Kelle hoch und ruft „Halt!" – mit dem für sich stehenden Wörtchen „doch". Die Eigenmacht der Maschine wird in ruhige Bahnen gelenkt. Der Dichter hat Dampf abgelassen. Im gleitenden daktylischen Versmaß entschwindet das Dampfross, schrumpft zum Punkt in der Ferne. Das ist optisch inszeniert – im Übrigen genau gegenläufig zum ersten Kurzfilm der Brüder Lumière. Die ließen 1895 den Zug geradewegs auf die Zuschauer zurasen – und lösten bei vielen panische Flucht aus.

Auch wenn sich in Engelkes Gedicht am Ende die hochgezogene Erregungskurve abflacht, so zittert doch die Unheimlichkeit nach.   *Günter Ott*

HEINRICH HEINE

Ich weiß nicht was soll es bedeuten

Ich weiß nicht was soll es bedeuten,
Daß ich so traurig bin;
Ein Märchen aus alten Zeiten,
Das kommt mir nicht aus dem Sinn.

Die Luft ist kühl und es dunkelt,
Und ruhig fließt der Rhein;
Der Gipfel des Berges funkelt
Im Abendsonnenschein.

Die schönste Jungfrau sitzet
Dort oben wunderbar;
Ihr goldnes Geschmeide blitzet,
Sie kämmt ihr goldenes Haar.

Sie kämmt es mit goldenem Kamme
Und singt ein Lied dabei;
Das hat eine wundersame,
Gewaltige Melodei.

Den Schiffer im kleinen Schiffe
Ergreift es mit wildem Weh;
Er schaut nicht die Felsenriffe,
Er schaut nur hinauf in die Höh.

Ich glaube, die Wellen verschlingen
Am Ende Schiffer und Kahn;
Und das hat mit ihrem Singen
Die Lore-Ley getan.

Abschied vom wilden Weh

Heinrich Heines Gedicht, das sein Verfasser ursprünglich nicht mit dem Titel „Loreley" versehen hatte, gehört zu jenen Versen, die Volkslied geworden sind. Nicht ganz unschuldig daran ist der Komponist Friedrich Silcher, der die Zeilen in Töne setzte und dadurch mithalf, die sechs Strophen im kollektiven Gedächtnis der Deutschen zu verankern. Selbst die Nazis kamen nicht umhin, das Gedicht des verfemten, weil aus jüdischer Familie stammenden Heine in den Liederbüchern zu belassen – nur dass statt des Dichternamens nun „Verfasser unbekannt" darunter gesetzt wurde.

Fast könnte man meinen, dass das „Märchen" von der Loreley, die ihrer Schönheit wegen den Rheinschiffer um Kopf und Kragen bringt, selbst schon „aus alten Zeiten", aus dem Volksgut stammt. Erfunden aber hat es, nur zwei Jahrzehnte vor der Fassung Heines, der Dichter Clemens Brentano. Die Geschichte traf offenbar einen Nerv der Zeit, denn gleich stürzten sich andere Dichter darauf, darunter auch Eichendorff sowie – womöglich ein Vorbild für Heine – Otto Heinrich von Loeben. Heines Version, enthalten im „Buch der Lieder" (und darin in dem 1823/24 entstandenen Zyklus „Heimkehr"), kommt tatsächlich im Gewand eines Volkslieds daher. Ebenmäßig gebaut mit einfachen Sätzen sind die vierzeiligen Strophen. Die Reime laufen über Kreuz, jeder Vers hat drei Hebungen, während die Senkungen nicht nach strengem Muster, sondern frei gefüllt sind (mal zwei, mal drei Silben lang). Dem Volkston abgelauscht sind auch die (sporadisch verwendeten) unreinen Reime (Kamme/wundersame), die altertümelnden Wörter (Melodei) und Wiederholungen wie das dreimalige Adjektiv „golden".

Aber dieses „Märchen" ist eingefasst von einem Rahmen, in welchem Heine ein Subjekt einführt, das von sich selbst spricht und bekennt, traurig zu sein. Weshalb? Eben wegen der Geschichte von der Loreley – und es ist wohl nicht ganz abwegig, in der Thematik des ganzen Gedichts ein Wetterleuchten von Heines unglücklicher Liebe zu seiner Cousine Amalie zu sehen.

Der Dichter freilich setzt das in der Rahmensituation eingeführte Subjekt, das aufgrund der Geschichte um weiblichen Zauber so bedrückt ist, letztlich nicht in eins mit dem Schiffer des erzählten Geschehens. „Ich glaube", heißt es zu Beginn der Schlussstrophe: Wie die Sache ausgeht, ist nicht mehr von Interesse. In dieser schnoddrigen Relativierung blitzt sie auf, Heines Ironie, die sich mit den fatalistischen Wendungen der voraufgegangenen Romantiker nicht mehr identifizieren will – und ebenso wenig mit den sentimentalischen Erwartungen der Leserschaft.   *Stefan Dosch*

AUGUST STRAMM

Patrouille

Die Steine feinden
Fenster grinst Verrat
Äste würgen
Berge Sträucher blättern raschlig
Gellen
Tod.

Die Sprache schlägt Alarm

Else Stramm, geborene Krafft, schrieb Unterhaltungsliteratur. August Stramm (1874 bis 1915) schrieb Avantgarde. Wenn die Zeiger der Literatur derart unterschiedlich ausschlagen, bleibt das, in diesem Fall, nicht folgenlos für die Ehe. August Stramms (gelegentlich doch sehr angestrengte, ja unfreiwillig komische) Wort-Dichtungen fanden ja nicht nur Bewunderung, sie stießen auch auf Unverständnis. Das Befremden reichte offenbar bis ins Privatleben hinein. In einem Brief von der Kriegsfront 1914 mahnt August seine Frau, sich doch bitte nicht ob seiner Kunst, seiner „Hinneigung zum Futurismus, zu Waldenscher Auffassung" zu quälen. Er redet beschwörend auf sie ein: „Was hat das mit uns zu tun?"

„Waldenscher Auffassung"? Das zielt auf Herwarth Walden, den Freund und Helfer, den Herausgeber des Sturm, dieser wichtigen expressionistischen Zeitschrift. Der Zeitgenosse Alfred Döblin urteilte über den dichtenden Postinspektor und Reserveoffizier August Stramm: „Er drehte, hobelte, bohrte an der Sprache, bis sie ihm gerecht wurde."

Der Kriegsschock verlangt nach neuer Wahrnehmung, und die fordert eine neue „Wortkunst". Ihr entspricht der – wesentlich von Marinetti und seiner futuristisch beschleunigten Bewegung geprägte – „Wortmaterialist" Stramm, indem er reduziert, konzentriert, neu formuliert. Keine Satzzeichen, kein schmückendes Adjektiv, keine Eigennamen, weder Ort noch Zeit, kein lyrisches Ich, keine gelehrigen Anspielungen literarischer und sonstiger Art…

Das (Kriegs-)Gedicht, rhythmisch straff und dynamisch, demonstriert Härte. Den überfallartig gesetzten Worten wird eine Stoßkraft zuteil, die den Affekt unmittelbar nach sich zieht. Dass „Steine feinden", Fenster grinsen, „Äste würgen" usw. – all das überrennt die gewohnte Sprache.

Und doch versteht der Leser sogleich: Hier schlagen die Zeilen Alarm. Substantive und Verben treiben die allgegenwärtige Bedrohung aus sich hervor. Hinter jedem Stein, jedem Fenster, jedem Baum und Strauch lauert der Feind. Das Gedicht wird gleichsam entsichert. Es versetzt die Patrouille in hoch gespannte Erregung. Die Angst sitzt innen, und sie droht außen. Am Ende schreit der Tod.

1915 wurde August Stramm an die Ostfront verlegt. Er trug die Uniform wie einen Orden. An die 70 Gefechte hatte er überstanden, als er am 1. September 1915 als Letzter seiner Kompanie umkam. Kurz zuvor hatte er die Möglichkeit, den Militärdienst zu quittieren, ausgeschlagen – er wäre sich wie ein Fahnenflüchtiger vorgekommen.   *Günter Ott*

Der Luftschiffer

Gefahren bin ich im schwankenden Kahne
Auf dem blaulichen Ozeane,
Der die leuchtenden Sterne umfließt,
Habe die himmlischen Mächte begrüßt.
War in ihrer Betrachtung versunken,
Habe den ewigen Äther getrunken,
Habe dem Irdischen ganz mich entwandt,
Droben die Schriften der Sterne erkannt
Und in ihrem Kreisen und Drehen
Bildlich den heiligen Rhythmus gesehen,
Der gewaltig auch jeglichen Klang
Reißt zu des Wohllauts wogendem Drang.
Aber ach! es ziehet mich hernieder,
Nebel überschleiert meinen Blick,
Und der Erde Grenzen seh ich wieder,
Wolken treiben mich zurück.
Wehe! das Gesetz der Schwere
Es behauptet nur sein Recht,
Keiner darf sich ihm entziehen
Von dem irdischen Geschlecht.

Höhenflug und harte Landung

Christa Wolf ist es maßgeblich zu verdanken, dass Karoline von Günderrode heute in der literarischen Öffentlichkeit die Beachtung zukommt, die ihr gebührt. Hat die Wolf doch in ihrer Erzählung „Kein Ort. Nirgends" (1979) ihrer schreibenden Vorgängerin ein anrührendes Denkmal gesetzt, zudem auch eine Auswahl ihrer Schriften herausgegeben. Die 1780 geborene Günderrode gehörte zu den Frauen der Romantiker-Generation, war Zeitgenossin einer Rahel Varnhagen und Bettine Brentano, mithin jener Frauen, die, mit den Worten Christa Wolfs, „es fertigbringen, ihre eigne Lage zu reflektieren". Die Lage damals: Sie sah für Frau in erster Linie vor, eine untergeordnete Rolle an der Seite des Mannes zu spielen. Eine Bestimmung, der die Günderrode sich nicht fügen mochte. Sie bestand auf der Herausbildung eigener Identität, auf Freiheit und der Verwirklichung selbst gesetzter Ansprüche, im sozialen Leben und auch in der Liebe.

Solches Selbstverständnis und die daran sich knüpfenden Träume – denn die Realität erwies sich als hartnäckiges Hindernis – spiegelt das hier vorliegende Gedicht, das aus dem Nachlass der Dichterin stammt. Es entwirft eine Szene, wie sie um 1800 erfahrbar geworden war, nachdem die Brüder Montgolfier wenige Jahre zuvor erstmals mit einem Heißluftballon in die Lüfte gestiegen waren. Der Luftschiffer des Gedichts, das ist einer, der auch in Gedanken hochfliegt hin zu jenen Sphären, wie sie die Niederungen der Erde nicht zu bieten haben. Fahrend im Meer des Himmels kommt er dem Idealen nah, erkennt nie gedachte Zusammenhänge.

Dieser Glückszustand ist nicht von Dauer. Eine unbestimmte Kraft – ist es das in jener Epoche so oft beschworene Schicksal? – zieht den Luftschiffer zurück in die Nüchternheit des irdischen Lebens. Die letzten vier Verse behaupten sogar nichts weniger als eine Gesetzmäßigkeit des Lebenmüssens auf dem Boden der Tatsachen.

Konflikte solcher Art hat die Günderrode wohl gut gekannt. Wegen Mittellosigkeit geht sie als 17-Jährige in ein Frankfurter Damenstift, was ihr die Teilnahme am gesellschaftlichen Leben freilich nicht verwehrt. 1804 veröffentlicht sie ihre ersten Gedichte. Im selben Jahr lernt sie den Altertumswissenschaftler Carl Friedrich Creuzer kennen, die beiden verlieben sich. Doch Creuzer ist verheiratet, nach zwei Jahren gibt er Karoline zu verstehen, dass er sich von seiner Frau nicht trennen wird – für Karoline eine unsanfte Landung nach dem Höhenflug. In das „Schwere" aber mag sie sich nicht fügen, es ist nicht vereinbar mit ihrem Absolutheitsanspruch. In dem kleinen Ort Winkel im Rheingau erdolcht sie sich, 26-jährig, im Juli 1806. *Stefan Dosch*

MATTHIAS CLAUDIUS

Abendlied

Der Mond ist aufgegangen,
Die goldnen Sternlein prangen
Am Himmel hell und klar;
Der Wald steht schwarz und schweiget,
Und aus den Wiesen steiget
Der weiße Nebel wunderbar.

Wie ist die Welt so stille,
Und in der Dämmrung Hülle
So traulich und so hold!
Als eine stille Kammer,
Wo ihr des Tages Jammer
Verschlafen und vergessen sollt.

Seht ihr den Mond dort stehen?
Er ist nur halb zu sehen,
Und ist doch rund und schön!
So sind wohl manche Sachen,
Die wir getrost belachen,
Weil unsre Augen sie nicht sehn.

Wir stolze Menschenkinder
Sind eitel arme Sünder
Und wissen gar nicht viel;
Wir spinnen Luftgespinnste
Und suchen viele Künste
Und kommen weiter von dem Ziel.

Gott, laß uns dein Heil schauen,
Auf nichts Vergänglichs trauen,
Nicht Eitelkeit uns freun!
Laß uns einfältig werden
Und vor dir hier auf Erden
Wie Kinder fromm und fröhlich seyn!

Wollst endlich sonder Grämen
Aus dieser Welt uns nehmen
Durch einen sanften Tod!
Und, wenn du uns genommen,
Laß uns im Himmel kommen,
Du unser Herr und unser Gott!

So legt euch denn, Ihr Brüder,
In Gottes Namen nieder;
Kalt ist der Abendhauch.
Verschon uns, Gott! mit Strafen,
Und laß uns ruhig schlafen!
Und unsern kranken Nachbar auch!

Unter Kitschverdacht

Dieses Gedicht ist ein Klassiker. Es hat eine kindlich anrührende Innigkeit, die sich unmittelbar in die Sprache ergießt. Der Trost ist zweifach: Er baut auf Gott, den Herrn, und er baut auf das Gedicht als poetisches Gemeinschaftserlebnis. Johann Abraham Peter Schulz hat das „Abendlied" des Matthias Claudius (1740 bis 1815) vertont. Es hat Eingang gefunden in schulische und kirchliche Gesangsbücher – und will nicht mehr aus dem Sinn.

Aber ist das nicht ein bisschen arg – die „goldnen Sternlein", das Trauliche und Holde, das Fröhliche und Fromme, die Kinderbitte, in den Himmel zu kommen? Claudius wurde (und wird) in der Tat oft in die idyllische Ecke, ja unter Kitschverdacht gestellt.

Sehen wir genauer hin. Schon die Eröffnung steht unter Spannung: der bestirnte Himmel oben, „hell und klar", und das Menschenleben unten, schwarz und weiß. Das Muster – Diesseits gegen Jenseits – mag aus Barockzeiten vertraut sein, doch Claudius geht hier entscheidende Schritte weiter. Man nehme das Abend-Lied von Paul Gerhardt (1607 bis 1676) zum Vergleich, insbesondere die Zeilen „Die güldnen Sternlein prangen / Am blauen Himmels-Saal". Hier lehnt sich Claudius eng an, und doch gilt ihm die Natur nicht nur, wie bei Gerhardt, als Sprungbrett ins Jenseits. Er macht sie vielmehr, über die Kulissenhaftigkeit hinaus, zur eigenständigen Wahrnehmungsgröße. Das ändert auch den Ton des Gedichts. Man stelle Gerhardts Auftakt „Nun ruhen alle Wälder" gegen Claudius' Zeile „Der Wald steht schwarz und schweiget". Hier legen die leichtfüßigen, drei- beziehungsweise vierhebigen, schweifend gereimten Verse (a a b c c b) eine dunkle, bedrohliche Spur. Sie zieht sich bis zum Schluss durch: „Kalt ist der Abendhauch". Apropos Abend: Claudius besingt nicht mehr eine bange Übergangszeit vor der gefürchteten Nacht, sondern verbindet den Abend mit Geborgenheit, mit der Erholung von „des Tages Jammer".

Der Mensch haust im Jammertal. Ihm entkommt er nicht durch Wissenschaft und Aufklärung (Strophe 4). Claudius nimmt den nüchternen Blick zum Mond als Beweis, was die Augen alles nicht sehen! Wir hören und sehen, wie der Dichter an anderer Stelle sagt, auch nicht „unsern lieben Schöpfer und Vater".

Aus dieser Not, so verkündet es das von der Wahrnehmung zur Belehrung, zum Gebet fortschreitende Lied, hilft nur kindliches Vertrauen. Die Zuversicht, dass die göttliche Ordnung auch die (Schlaf-)Kammer und den großfamiliären Hausstand des Matthias Claudius in Wandsbek (vor den Toren Hamburgs) umfasst. In diese Ordnung schreibt die großartige letzte Gedichtzeile den Menschen als Mitmenschen ein! *Günter Ott*

GOTTFRIED KELLER

Winternacht

Nicht ein Flügelschlag ging durch die Welt,
Still und blendend lag der weiße Schnee.
Nicht ein Wölklein hing am Sternenzelt,
Keine Welle schlug im starren See.

Aus der Tiefe stieg der Seebaum auf,
Bis sein Wipfel in dem Eis gefror;
An den Ästen klomm die Nix' herauf,
Schaute durch das grüne Eis empor.

Auf dem dünnen Glase stand ich da,
Das die schwarze Tiefe von mir schied;
Dicht ich unter meinen Füßen sah
Ihre weiße Schönheit Glied um Glied.

Mit ersticktem Jammer tastet' sie
An der harten Decke her und hin,
Ich vergeß' das dunkle Antlitz nie,
Immer, immer liegt es mir im Sinn!

Auf dünnem Eis

Kann man mit der Romantik gegen die Romantik anschreiben? Man kann. Dies beweist Gottfried Kellers „Winternacht". Der Züricher Autor (1819 bis 1890) hat als Lyriker begonnen. Sein Gedicht ist um die Mitte des 19. Jahrhunderts entstanden, zu der Zeit, als er an seinem Roman „Der grüne Heinrich" arbeitete (erste Ausgabe 1855).

Der Auftakt gleicht einem Dementi. „Nicht ein Flügelschlag…" Man vergleiche die Flügelschläge romantischer Dichtung, zum Beispiel in Eichendorffs „Mondnacht": „Und meine Seele spannte/Weit ihre Flügel aus". Daran erinnert Keller, davon setzt er sich zugleich ab. Die erste Strophe zeichnet eine stille, erstarrte Szene. Die Welt ist festgefroren.

Sodann geht der Blick in die Tiefe. Der Leblosigkeit antwortet das Leben. Der Seebaum steigt auf und mit ihm die Assoziation des Lebensbaumes. Und mit ihm die Nixe, jener mythische Wassergeist, der bei Goethe, besonders in der Romantik, dann auch bei Heine den Grund der Seele aufwirbelt. Die Nixe ist die verkörperte Sehnsucht und Lockung; sie symbolisiert Verführung und Selbstpreisgabe, die tödliche Lust. So weit bewegen wir uns noch in romantisch-entgrenzten Gefilden, in denen sich das von der Schönheit geblendete Ich eingestehen muss: „Ich weiß nicht, wo ich bin" (Eichendorff). Das Ich findet sich wieder in der Fremde. Um diese Fremde, diese „schwarze Tiefe", weiß auch das mitten im „Winternacht"-Gedicht erscheinende lyrische Ich. Aber es versinkt eben nicht in den dunklen Wassern der Nixe und verliert sich dort, sondern es zieht eine Grenze ein, das Eis. Diese Horizontale ist die Achse des Gedichts. Um diese Spiegelachse dreht sich alles.

Das Eis gleicht „dünnem Glase". Es verleiht Stand und ist doch durchsichtig. Spiegelungen („weißer Schnee" – „weiße Schönheit"), Konfliktlinien (weiß-schwarz, oben-unten, Schönheit-Jammer), eine andauernde, metrisch und rhythmisch gestützte Unruhe – all das läuft in einem Ich zusammen, das unter starker Spannung steht. Hie die Sehnsucht (Nixe!), da die Angst; hie die Selbstaufgabe im Begehren, da die Bannung, ja Verbannung des Eros; hie die Abwehr, da die unerlöste Natur. Das Ich rettet sich vor den eigenen Tiefen und Trieben nur um den Preis der Verzweiflung und der Schuld („erstickter Jammer"!): Es wird das „dunkle Antlitz" nimmer los!

Kellers Gedicht rührt an die Abgründe der Psyche. Jean Paul hat in seiner „Selina"-Schrift 1823 vom „ungeheuren Reich des Unbewussten" als unserem „wahren inneren Afrika" gesprochen. Genau 100 Jahre später schrieb Sigmund Freud vom Ich und vom Es, vom Realitätsprinzip und vom Lustprinzip.
Günter Ott

GEORG TRAKL

Ein Winterabend

Wenn der Schnee ans Fenster fällt,
Lang die Abendglocke läutet,
Vielen ist der Tisch bereitet
Und das Haus ist wohlbestellt.

Mancher auf der Wanderschaft
Kommt ans Tor auf dunklen Pfaden.
Golden blüht der Baum der Gnaden
Aus der Erde kühlem Saft.

Wanderer tritt still herein;
Schmerz versteinerte die Schwelle.
Da erglänzt in reiner Helle
Auf dem Tische Brot und Wein.

Der Weg ins Helle

Selten, dass Verse Georg Trakls so leise, so sanft-mütig einsetzen. e-e-e-a-e-e-ä: Der vokale Gleich-laut der Eingangszeile hebt das „Winterabend"-Gedicht in die Schwebe, hält es fern von Verfall, Verwesung und Umnachtung, die Trakls Dichtun-gen so häufig eindunkeln. Rückt es auch ab vom expressionistischen Reihungsstil – jede Zeile ein eigenständiger Satz –, in dem die übergreifende Orientierung, der Sinnbogen des Erlebnisgedichts alter Schule zu Bruch geht.

Im „Winterabend" deutet sich fast so etwas wie eine Handlung an, die Zeilen laufen auf ein hehres Ziel zu („Brot und Wein"), ihr Atem wird durch den (fast durchgehenden) Wechsel von Hebung und Sen-kung (Trochäus), durch den Gleichlaut der Vokale, durch den umarmenden Reim (a b b a) getragen.

Der Mensch bei Trakl ist eine Kaspar-Hauser-Figur, ein Fremdling, der an Mauern stößt und in „leere Zimmer" tritt. Anders an diesem friedlichen, fast weihnachtlichen Abend: Der Tisch ist „berei-tet", das Haus „wohlbestellt". An den Wanderer er-geht gar die Aufforderung, durch das Tor, über die Schwelle zu gehen, die „dunklen Pfade" und allen Schmerz auf seinem Passionsweg hinter sich zu lassen, um der Gnade eines neuen Lebens teilhaf-tig zu werden (blühender Baum, kühler Saft, reine Helle … – und das im Winter!). Nun, so schlüssig,

wie hier geschildert, verfahren die Verse nicht. Das fängt schon bei der Grammatik an. Nach „wenn" erwartet man ein „dann". Es kommt nicht. Verstei-nert der Schmerz die Schwelle oder die Schwelle den Schmerz? Es ist die einzige Zeile in der Ver-gangenheitsform – was den Gedanken an Übergang und Wandel, ja Wandlung nahelegt.

Die hier vorliegende zweite Fassung des Gedichts, veröffentlicht 1915 aus dem Nachlass, hat die christ-liche Zuspitzung der Erstfassung getilgt. Wer bittet den Wanderer um Einlass? Wer erwartet ihn? Wer hat „Brot und Wein" bereitet? Darauf gibt es keine Antwort. Die Anspielung auf das Abendmahl sitzt dem „Winterabend" wie ein Prägestempel auf, die Verse verweigern indes den lebendigen Vollzug.

Das Gedicht stiftet mithin nicht die Gemeinschaft der Gläubigen (Kommunion), sondern es spricht von einem utopischen Hoffnungszeichen „in reiner Helle". Hier kommt weniger eine Sinnsuche ans Ziel als dass sie in traumhafter Verheißung erscheint. Tritt denn der Wanderer über die Schwelle? Auch das rückt in rätselhafte Schwebe.

Trakl (1887 bis 1914) war der Lebensweg in die Helle verwehrt. Ihm blieb aber die Dichtung, ge-mäß seiner verzweifelten Aussage: „Sagen Sie mir, dass ich die Kraft haben muss, noch zu leben und das Wahre zu tun." *Günter Ott*

JOSEPH VON EICHENDORFF

Weihnachten

Markt und Straßen stehn verlassen,
Still erleuchtet jedes Haus,
Sinnend geh ich durch die Gassen,
Alles sieht so festlich aus.
An den Fenstern haben Frauen
Buntes Spielzeug fromm geschmückt,
Tausend Kindlein stehn und schauen,
Sind so wunderstill beglückt.

Und ich wandre aus den Mauern
Bis hinaus ins freie Feld,
Hehres Glänzen, heilges Schauern!
Wie so weit und still die Welt!

Sterne hoch die Kreise schlingen,
Aus des Schnees Einsamkeit
Steigts wie wunderbares Singen –
O du gnadenreiche Zeit!

Wie so weit und still die Welt!

Zu den erhebenden Erlebnissen an Heiligabend zählt, wenn man in den späten Nachmittagsstunden durch die Stadt flaniert. Wo noch Stunden vorher die Druckwelle des Konsums die Menschenmassen umgetrieben und in die Kaufhäuser geschaufelt hat, ist nun wohltuende Stille eingekehrt: „Markt und Straßen stehn verlassen…"

Joseph von Eichendorff (1788 bis 1857) illuminiert in den ersten zwei Strophen eine friedliche Feststimmung. Beglückende Behaglichkeit strömt durch die schlichten, vierhebig-trochäischen Zeilen, die sich im Kreuzreim (a b a b) zusammenschließen und wechselweise weiblich und männlich enden. Von Beginn an ist ein melancholischer Zug unverkennbar. Das lyrische Ich ist ins Sinnen gekommen, vielleicht auch deshalb, weil es sich von dieser familiären Geborgenheit ausgeschlossen fühlt und etwas neidvoll in die beglückten Kinderaugen sieht. Der romantische Künstler, mit dem wir das Ich gleichsetzen dürfen, weiß indes um seinen Zug in die Ferne, seinen Freiheitsdrang jenseits einengender Mauern – gemäß dem Eichendorff-Motto „Hinaus, o Mensch, weit in die Welt"! Diese Sehnsucht prägt auch das an „Weihnachten" anklingende Eichendorff-Gedicht „Morgendämmerung". Nur zwei Zeilen daraus: „Und ich bin in's stille Feld hinausgegangen" beziehungsweise „Bei stiller Nacht erwacht so sehnend Sin-

gen". Die der Romantik eigentümliche, abgrundtiefe Spannung zwischen Philister und poetischem Geist – exemplarisch ausgebildet bei E.T.A. Hoffmann – erscheint in Eichendorffs Weihnachts-Versen gemildert. Wiewohl der Autor anderweitig „Die zwei Gesellen" konfrontiert: Der eine schaut aus dem vertrauten „Stübchen" ins Freie; der andere geht ins Freie, setzt sich den magisch-verführerischen Naturmächten aus, und sei es um den Preis des Untergangs. Hier zeichnet sich eine komplementäre Zweiteiligkeit ab, die bis heute anhält: Bürger versus Künstler (Außenseiter) – oder auch Enge gegen Weite, Stadt gegen Natur.

Das Ich tritt „aus der gesellschaftlichen Verbindung" (so Eichendorffs Zeitgenosse Adam Müller) hinaus ins große Ganze, in die göttliche Natur. In der Grenzenlosigkeit packt den Romantiker das „heil'ge Schauern", der Sang und Klang der poetisch-religiösen Erfahrung unterm Himmelszelt reißt ihn aus der Einsamkeit. (Wobei die wunderbare Zeile „Sterne hoch die Kreise schlingen" an die in Farbkreisen pulsierenden Gestirne in Vincent van Goghs „Sternennacht" von 1889 denken lässt.)

Eichendorff, ein frommer Mann, glaubte sich noch eins mit der Schöpfung. Sein Gedicht feiert jene stille und heilige Nacht, deren Lied in diesen Tagen so häufig ertönt.

Günter Ott

FRIEDRICH SCHILLER

Der Antritt des neuen Jahrhunderts

An ***

Edler Freund! Wo öffnet sich dem Frieden,
Wo der Freiheit sich ein Zufluchtsort?
Das Jahrhundert ist im Sturm geschieden,
Und das neue öffnet sich mit Mord.

Und das Band der Länder ist gehoben,
Und die alten Formen stürzen ein;
Nicht das Weltmeer hemmt des Krieges Toben,
Nicht der Nilgott und der alte Rhein.

Zwo gewaltge Nationen ringen
Um der Welt alleinigen Besitz;
Aller Länder Freiheit zu verschlingen,
Schwingen sie den Dreizack und den Blitz.

Gold muß ihnen jede Landschaft wägen,
Und, wie Brennus in der rohen Zeit,
Legt der Franke seinen ehrnen Degen
In die Waage der Gerechtigkeit.

Seine Handelsflotten streckt der Brite
Gierig wie Polypenarme aus,
Und das Reich der freien Amphitrite
Will er schließen wie sein eignes Haus.

Zu des Südpols nie erblickten Sternen
Dringt sein rastlos ungehemmter Lauf;
Alle Inseln spürt er, alle fernen
Küsten – nur das Paradies nicht auf.

Ach, umsonst auf allen Länderkarten
Spähst du nach dem seligen Gebiet,
Wo der Freiheit ewig grüner Garten,
Wo der Menschheit schöne Jugend blüht.

Endlos liegt die Welt vor deinen Blicken,
Und die Schiffahrt selbst ermißt sie kaum;
Doch auf ihrem unermeßnen Rücken
Ist für zehen Glückliche nicht Raum.

In des Herzens heilig stille Räume
Mußt du fliehen aus des Lebens Drang!
Freiheit ist nur in dem Reich der Träume,
Und das Schöne blüht nur im Gesang.

Keine Zeit für große Hoffnungen

Es waren aufgewühlte Zeiten, in denen Schiller dem „neuen", dem 19. Jahrhundert dieses Gedicht widmete. Geschrieben hat er es im Frühjahr 1801, und der Anlass dazu war ein historisches Ereignis: der Frieden von Lunéville am 9. Februar 1801, der den Krieg zwischen Frankreich und einer Koalition europäischer Staaten beendete. Schillers Verleger hatten den Dichter dazu bewogen, den Vertrag von Lunéville zum Anlass eines Gedichts zu nehmen. Schiller aber war nicht nach festlichen Versen zumute.

Den neun Strophen mit ihren trochäischen, also im Wechsel von Hebung und Senkung fortlaufenden Zeilen steht die Widmung „An ***" voran, das Gedicht selbst eröffnet mit dem Anruf „Edler Freund!". Ein bestimmter Adressat ist nicht auszumachen, weshalb davon auszugehen ist, dass Schiller ganz allgemein den geneigten Leser im Blick hatte und mit dieser direkten Anrede für die Argumentation gewinnen wollte. Für „Frieden" und „Freiheit", zwei Pfeiler des Schiller'schen Denkens, wird eingangs eine Zuflucht gesucht. Denn das alte Jahrhundert ist „im Sturm geschieden" – der Französischen Revolution von 1789 folgte ein Jahrzehnt voller Kriege –, und das neue scheint nicht weniger gewalttätig zu werden – im März 1801 wurde der russische Zar ermordet. Schiller weitet die Betrachtung jedoch über den europäischen Schauplatz hinaus auf die Welt.

Um sie ringen zwei Nationen, Frankreich und Großbritannien. Die Mittel ihres Weltmacht-Strebens sind kriegerischer Natur, wofür mythologische Bilder aufgerufen werden, wie der Dreizack des Meergotts Poseidon und der Blitz des Zeus. Über das Reich der Amphitrite, der Ehefrau Poseidons, über das Meer also, streckt der Brite seine kolonialen „Polypenarme" aus, während der Franzose auf seinen Kriegszügen, wie einst der antike Heerführer Brennus vor Rom, sogar seine Waffe in die Waagschale für möglichst hohe Zwangszahlungen wirft. Doch auch wenn dieser Machtwettlauf bis an den Südpol reicht: Das „Paradies" ist dort, wie auf allen anderen „Länderkarten", nicht zu finden.

Schiller zieht nun in den letzten drei Strophen die Konsequenz aus den ernüchternden Zeitläuften, und die dreifach wieder aufgegriffene persönliche Anrede („du") intoniert die Verse geradezu als Appell. Den „Zufluchtsort" für Frieden und Freiheit, so die bittere Einsicht, den gibt es nicht. Was bleibt, ist der Rückzug in die Innerlichkeit. Schiller, der einst große Hoffnungen gesetzt hatte in die „ästhetische Erziehung" des Menschen, sieht das Projekt beim Rundblick auf das Jahrhundert als gescheitert an. Wer das Glück sucht, der ist, so die Schlusszeile, auf die Ästhetik selbst verwiesen – auf „das Schöne", die Kunst. *Stefan Dosch*

STEFAN GEORGE

Der Herr der Insel

Die fischer überliefern dass im süden
Auf einer insel reich an zimmt und öl
Und edlen steinen die im sande glitzern
Ein vogel war der wenn am boden fussend
Mit seinem schnabel hoher stämme krone
Zerpflücken konnte · wenn er seine flügel
Gefärbt wie mit dem saft der Tyrer-schnecke
Zu schwerem niedrem flug erhoben: habe
Er einer dunklen wolke gleichgesehn.
Des tages sei er im gehölz verschwunden ·
Des abends aber an den strand gekommen ·
Im kühlen windeshauch von salz und tang
Die süsse stimme hebend dass delfine
Die freunde des gesanges näher schwammen
Im meer voll goldner federn goldner funken.
So habe er seit urbeginn gelebt ·
Gescheiterte nur hätten ihn erblickt.
Denn als zum erstenmal die weissen segel
Der menschen sich mit günstigem geleit
Dem eiland zugedreht sei er zum hügel
Die ganze teure stätte zu beschaun gestiegen ·
Verbreitet habe er die grossen schwingen
Verscheidend in gedämpften schmerzeslauten.

Welch seltsames, fragiles Wesen

Was Stefan George (1868 bis 1933) die nicht näher benannten „fischer" hier „überliefern" lässt, mutet an wie eine Sage. Doch der Dichter nimmt bei alten Mythen lediglich Anleihen, um sie dann zu seinen Zwecken zu formen. In der Erzählung der Fischer vom wundersamen Flügelwesen klingt der Vogel Roch aus den Sindbad-Geschichten von „1001 Nacht" ebenso an wie der antike Mythos von Arion, dessen Gesang die Delfine zu rühren vermag. George erschafft daraus ein eigenes Vogelwesen aus sagenhafter Zeit („urbeginn") wie auch fernem Ort („insel").

Auf der Ebene der reinen Erzählung ist das Gedicht nicht schwer zu verstehen, trotz einiger für seinen Dichter typischer Eigenheiten der Orthografie. So verzichtet George auf Kommata vor dem Beginn von Nebensätzen, verwendet den Hochpunkt für kurzzeitiges Innehalten und schreibt Substantive in der Regel klein, wenn es sich nicht um Besonderheiten wie den Namen der antiken Stadt Tyros handelt, die berühmt war für ihre Zucht von Purpurschnecken. Kompliziert wird das Gedicht auch dadurch nicht, dass es ausgiebig Gebrauch macht von einem Sprachmodus, der im Deutschen als beschwerlich gilt. Der weit überwiegende Teil des Gedichts ist nämlich im Konjunktiv geschrieben. Dass die Verse dennoch ungehemmt fließen, ist Ausweis hoher Sprachmeisterschaft – man schaue nur auf

das „meer voll goldner federn goldner funken". George gelingt das unter anderem durch häufigen Zeilensprung, aber auch durch den beharrlichen Rhythmus, den der kontinuierliche Jambus (unbetonte/betonte Silbe) verursacht.

Weshalb aber schrieb George über dieses seltsame Wesen, das sich kaum vom Boden abzuheben, dessen „süsse stimme" hingegen ganz ungemein zu bezaubern vermag? Weil er mit dem „Herrn der Insel" die Künstlerschaft zum Thema machen wollte. Die singende Kreatur, einst Herrscher über ein eigenes, wenn auch begrenztes (Insel-)Reich, ist eine Allegorie des (Dichter-)Künstlers: Vormals, in mythischer Zeit, war seine Bedeutung noch groß, war der Dichtersänger immer auch Seher, mithin eine Leitfigur. Dann aber – noch mal zurück auf die Ebene der Gedichterzählung – näherten sich Menschen dem insulären Refugium. Damit jedoch, so wäre zu übertragen, drangen Rationalität und Zweckdienlichkeit in den Raum der mythischen Kunstausübung vor: Eine Ankunft, die dem fragilen Inselwesen die Existenz verleidete.

Stefan George, dessen Gedicht „Der Herr der Insel" 1895 erstmals in einem Privatdruck erschien, hat im Laufe seines Lebens und Schreibens nicht nachgelassen im Versuch, sich eine neue Insel zu erschaffen für seine Dichtkunst.   *Stefan Dosch*

WILHELM MÜLLER

Erstarrung

Ich such im Schnee vergebens
Nach ihrer Tritte Spur,
Hier, wo wir oft gewandelt
Selbander durch die Flur.

Ich will den Boden küssen,
Durchdringen Eis und Schnee
Mit meinen heißen Tränen,
Bis ich die Erde seh.

Wo find ich eine Blüte,
Wo find ich grünes Gras?
Die Blumen sind erstorben,
Der Rasen sieht so blaß.

Soll denn kein Angedenken
Ich nehmen mit von hier?
Wenn meine Schmerzen schweigen,
Wer sagt mir dann von ihr?

Mein Herz ist wie erfroren,
Kalt starrt ihr Bild darin:
Schmilzt je das Herz mir wieder,
Fließt auch das Bild dahin.

Das kalte Herz

Was ist romantisch? „Traum, Musik, Gehenlassen, ziehender Posthornklang, Fernweh, Heimweh, Leuchtkugelfall auf nächtlichen Park." Thomas Mann entnahm all diese Eigenschaften seiner Lektüre von Eichendorffs „Taugenichts"-Roman. Doch Romantik ist mehr: Selbstpreisgabe, tödlich verführerische Lockung, Ich-Entgrenzung. Die Abgründe seelischen Empfindens entzündeten sich in jener Zeit vor allem am paradoxen Motiv des lebenden Automaten. Der Student Nathanael wirft all seine Liebe auf Olimpia – eine Puppe! Darüber wird er wahnsinnig (E. T. A Hoffmanns „Sandmann").

In der unauflösbaren Spannung von Erleben, Bild und Einbildungskraft steht auch Wilhelm Müllers Gedicht „Erstarrung". Es ist die Nummer vier seines 24-teiligen „Winterreise"-Zyklus (1824), dem Franz Schuberts Vertonung (1827) zum Nachruhm verholfen hat. Wilhelm Müller (1794 bis 1827), ob seiner philhellenischen Begeisterung auch „Griechen-Müller" genannt, verstrickt seinen vom Liebesunglück getriebenen Wandersmann in eine dichte Motivkette von Tod und Wahn, von Eis und Schatten.

Das Ich in unserem Gedicht bricht auf in die Vergeblichkeit. Die Suche beginnt und endet im Schnee, der alle Spuren und Zeichen der Geliebten gelöscht hat. Dem lyrischen Ich bleibt nur mehr die schwermütige Erinnerung an jene Frühlingszeit, in der die Natur aufbricht, die Flüsse und Wälder rauschen, das Leben und die Liebe neuen Atem schöpfen. Alles vorbei!

Die Verse formulieren den Einspruch gegen Eichendorffs „Winter"-Strophe: „Liegt die Welt voll Schmerzen, / Will's auch draußen schnein: / Wache auf, mein Herze, / Frühling muss es sein!" Der Selbstermutigung, der durch das Ausrufezeichen ermutigten Zuversicht aufs Frühlingsfest bei Eichendorff antworten schwermütige Fragen bei Wilhelm Müller – Fragen, auf die es keine Antwort gibt. Sie stimmen die volksliedhaften, dreihebigen, alternierend weiblich und männlich endenden Zeilen auf eine düster-schmerzliche Melancholie.

Der Blick des Gedichts geht von oben nach unten („durchdringen"), von außen nach innen, von der beglückenden Vergangenheit in die trostlose Gegenwart. Die Strophen gipfeln in der abgründigen Zerrissenheit des Ich: Das Herz vermag nur dann zu fühlen, wenn es in Erstarrung liegt. Lebendiger Tod und totes Leben fallen in eins.

In vielen Erzählungen der Romantik schaut der Held das Bild einer schönen Frau und ist augenblicklich von Liebe überwältigt. Seine Imagination überführt das Bild ins Leben … Bei Wilhelm Müller ist es umgekehrt: Das Leben erstarrt zum Bild. Das kalte Herz bewahrt, was längst entglitten ist.

Günter Ott

KLABUND

Man soll in keiner Stadt

Man soll in keiner Stadt länger bleiben als ein halbes Jahr.
Wenn man weiß, wie sie wurde und war,
Wenn man die Männer hat weinen sehen
Und die Frauen lachen,
Soll man von dannen gehen,
Neue Städte zu bewachen.

Läßt man Freunde und Geliebte zurück,
Wandert die Stadt mit einem als ein ewiges Glück.
Meine Lippen singen zuweilen
Lieder, die ich in ihr gelernt,
Meine Sohlen eilen
Unter einem Himmel, der auch sie besternt.

112

Dichter in Eile

Ein seltsamer Ratschlag, den Klabund hier gibt. Sagt einem doch die persönliche Erfahrung, dass jeder auch nur halbwegs ausgedehnten Stadt nicht beizukommen ist in einem halben Jahr. Woher aber stammt die Unrast des Dichters, der eigentlich Alfred Henschke hieß, 1890 in Crossen an der Oder geboren wurde und sich mit Anfang 20 das Pseudonym zulegte, unter dem er in den folgenden eineinhalb Jahrzehnten als markante Stimme der deutschen Literatur auftrat?

Klabunds Empfehlung, sich nur kurze Zeit einzulassen auf einen Ort und dann weiterzuziehen, ist wohl der Krankheit geschuldet, die schon dem Jugendlichen diagnostiziert wurde: Tuberkulose. Dass ihm kein langes Leben beschieden sein würde, hat er geahnt, und das Vorgefühl hat es dem Lebenslustigen dringlich erscheinen lassen, in der noch verbleibenden Spanne ein Maximum an Eindrücken aufzunehmen. Tatsächlich ist Klabund 37-jährig in Davos gestorben, in den Armen seiner zweiten Frau Carola Neher, der berühmten Schauspielerin der 20er-Jahre.

Klabunds Werke, vor allem die zahlreichen Dramen und Romane, sind heute weitgehend vergessen, lediglich die Lyrik hat hier und da in Anthologien überlebt. Als Dichter von Versen beherrschte Klabund verschiedenste Stimmlagen, spöttische ebenso wie feinsinnige. Das vorliegende Gedicht, 1913 erstmals veröffentlicht, durchzieht ein melancholischer Ton, der jedoch leichtfüßig auftritt – eine Kombination, auf die sich der Dichter bestens verstand. Die scheinbare Unkompliziertheit der beiden Strophen fußt auf formaler Offenheit. Zwar sind die Versenden gereimt, doch die Zeilen weisen stark unterschiedliche Längen auf, zudem wird auf ein einheitliches Metrum verzichtet. Einheitlich jedoch beginnen die Verse mit Betonung – ausgenommen der erste, wodurch sein appellativer Charakter akzentuiert wird.

Von Städten als historischen oder auch architektonischen Gebilden will der Dichter wenig wissen. Vielmehr interessieren ihn die Begegnungen mit Menschen. Die ungewöhnlichen Attribute, die er Männern („weinen") und Frauen („lachen") beimisst, legen den Schluss nahe, dass es sich hier nicht um irgendwelche Bekanntschaften, sondern um jene „Freunde und Geliebte" handelt, von denen die zweite Strophe spricht. Hier auch tritt – sachte und doch unüberhörbar – die Formel zutage, wonach man sich immer dann auf den Weg machen sollte, wenn es am schönsten ist. Trifft man den rechten Moment für den Abschied, dann bleibt die freudvolle Erinnerung, an die Freunde, die Geliebten, an „die Stadt". Dem Gefühlsniedergang, der sich sonst immer irgendwann einschleicht, geht man so aus dem Weg. *Stefan Dosch*

CHRISTIAN HOFMANN VON HOFMANNSWALDAU

So soll der purpur deiner lippen

So soll der purpur deiner lippen
Itzt meiner freyheit bahre seyn?
Soll an den corallinen klippen
Mein mast nur darum lauffen ein/
Daß er an statt dem süssen lande/
Auff deinem schönen munde strande?

Ja/leider! es ist gar kein wunder/
Wenn deiner augen sternend licht/
Das von dem himmel seinen zunder/
Und sonnen von der sonnen bricht/
Sich will bey meinem morrschen nachen
Zu einen schönen irrlicht machen.

Jedoch der schiffbruch wird versüsset/
Weil deines leibes marmel-meer
Der müde mast entzückend grüsset/
Und fährt auff diesem hin und her/
Biß endlich in dem zucker-schlunde
Die geister selbsten gehn zu grunde.

Nun wohl! diß urthel mag geschehen/
Daß Venus meiner freyheit schatz
In diesem strudel möge drehen/
Wenn nur auff einem kleinen platz/
In deinem schooß durch vieles schwimmen/
Ich kan mit meinem ruder klimmen.

Da will/so bald ich angeländet/
Ich dir ein altar bauen auff/
Mein hertze soll dir seyn verpfändet/
Und fettes opffer führen drauff;
Ich selbst will einig mich befleissen/
Dich gött- und priesterin zu heissen.

Ein galantes Liebes-Spiel

Man muss dem Barockzeitalter dankbar sein, dass es (oft) das Irdische nicht kurzerhand erledigt hat, um den Blick umso entschiedener ins Jenseits zu richten. Weil das so ist, gehen uns noch heute in Barockkirchen die Augen über. Anders als sein Freund Andreas Gryphius, der im Gedicht das Menschenleben im Schnelldurchgang nahm, blätterte der Breslauer Patrizier Christian Hofmann von Hofmannswaldau (1617 bis 1679) die schönen Seiten des Diesseits auf.

Zugegeben, seine hier abgedruckten, wohl um 1640 geschriebenen Zeilen befremden aufs Erste. Doch hat man sich eingelesen, wird man weniger den „geschraubten" Sprachbombast verdammen als die geistreich-barocke Wortkunst bewundern. Hier geht es nicht um ein Liebeserlebnis, sondern um Rhetorik auf hohem Niveau – adressiert an ein gebildetes Publikum, das literarische Anspielungen zu schätzen weiß. Hofmannswaldau greift auf Formeln in der Tradition Petrarcas († 1374) zurück („purpur deiner lippen", „coralline klippen", „sternend licht" usw.). Er mischt erhabenen und niederen Stil, verziert seinen Vortrag mit mythologischen Anklängen des Venuskults (letzte Strophe) und mit salopp-scherzhaften Ausdrücken („gött- und priesterin"). Das galant-selbstverliebte Spiel der Bilder und Umschreibungen inszeniert die Lebens-Schiff-fahrt als Liebesankunft. Der Schiffbruch ist hochwillkommen, denn er führt ans „süsse land", hinein ins „marmel-meer" des weiblichen Leibes. Der Dichter stellt sich damit gegen den Moralismus seiner Zeit, dem unter anderem Augustinus das Stichwort gegeben hat: Das Leben gleiche einer Fahrt im stürmischen Meer, die in den Hafen ewigen Heils führe.

Wie dem Geschlecht in den Bildkünsten jener Tage gern ein Feigenblatt vorgehalten wird, so drapiert Hofmannswaldau ein preziöses Sprachkleid um den – imaginierten – Liebesakt. Das Gedicht hat den Höhepunkt in der Mittelstrophe. Sie ist hervorgehoben durch den gleitenden Rhythmus, durch Alliterationen („marmel-meer", „der müde mast") und Assonanzen („müde", „entzückend grüsset", „zuckerschlunde", „zugrunde").

Wobei die Erfüllung doch wieder in die Distanz gerückt wird, zumal zu Beginn die Frage des „freyheits"-Verlustes aufgeworfen und abschließend das Versprechen gegeben wird, die (noch ausstehende?) Hingabe mit der Errichtung eines Opferaltars zu belohnen. Solcherart erscheint das Liebes-Scherzo als „schönes irrlicht". Das Gedicht ist reine Sprachlust, vielleicht auch ein schlüpfriges Gegenbild zum gestrengen politischen Alltag in Breslau, das damals dem absolutistischen Hof in Wien unterstand. *Günter Ott*

EDUARD MÖRIKE

Um Mitternacht

Gelassen stieg die Nacht ans Land,
Lehnt träumend an der Berge Wand,
Ihr Auge sieht die goldne Waage nun
Der Zeit in gleichen Schalen stille ruhn;
Und kecker rauschen die Quellen hervor,
Sie singen der Mutter, der Nacht, ins Ohr
Vom Tage,
Vom heute gewesenen Tage.

Das uralt alte Schlummerlied,
Sie achtet's nicht, sie ist es müd;
Ihr klingt des Himmels Bläue süßer noch,
Der flüchtgen Stunden gleichgeschwungnes Joch.
Doch immer behalten die Quellen das Wort,
Es singen die Wasser im Schlafe noch fort
Vom Tage,
Vom heute gewesenen Tage.

Ein Halt im Fluss der Zeit

Alles, was ist, steht unter dem Gesetz der Vergänglichkeit. Wie mit dieser universalen Erfahrung umzugehen ist, hat Eduard Mörike (1804 bis 1875) beschäftigt und auch Niederschlag in seinem Werk gefunden. Zeugnis davon gibt das Gedicht „Um Mitternacht", erstmals belegt in einem Brief des damals 23 Jahre alten Autors.

Geschildert wird in den beiden Strophen nicht nur eine Szene, die sich am Schnittpunkt zweier Tage zuträgt, zur Mitternacht eben. Vielmehr tritt die Nacht hier selber auf in personifizierter Gestalt. Sie wird eines besonderen Augenblicks teilhaftig: des Stillstands der Zeit, hier gefasst im Bild der austarierten Waage.

Diesen Moment erfährt die Nacht nicht nur „träumend", sondern, wie die zweite Strophe verrät, geradezu mit Genuss: „Süße" nimmt sie wahr in „des Himmels Bläue", geradezu zum Klang wird ihr die Mitternacht. Eine komplexe Metapher: Nicht nur durch die Synästhesie (Farbe/Klang), die Bezug nimmt auf die alte Vorstellung der am Firmament sich abbildenden Sphärenharmonie; sondern auch durch die „Bläue", die eher ein Phänomen des Tages als der Mitternacht ist. Doch auch Maler haben die Nacht oftmals mit dunklem Blau anstatt mit bloßem Schwarz wiedergegeben. Mit der Versunkenheit der Nacht korrespondiert das ruhig bewegte jambische Ab und Auf in den ersten vier Versen der beiden Strophen. Das ändert sich – in Parallelität zum Druckbild – jeweils mit der fünften Zeile, wenn Daktylen mit ihren Doppelsenkungen ins metrische Spiel kommen. Nun wechselt auch der Fokus, statt der Nacht sind es die Wasserquellen, denen jetzt die Aufmerksamkeit gilt.

Diese Quellen verhalten sich gegenteilig zur Nacht. Nicht wie diese vermögen sie aus dem Zeitstillstand Erquickung zu schöpfen – vielmehr entspricht ihr Tun („rauschen") ganz dem Verfließen der Zeit. Selbst schlafend „singen" die Quellen noch „fort", und stets gilt ihre Mitteilung dem Einen, dem „heute vergangenen Tage". Zwei Möglichkeiten, der verrinnenden Zeit zu begegnen, stellt Mörike hier motivisch wie auch formal einander gegenüber. Da ist die Nacht, die ganz auf den Augenblick der Zeitenthobenheit fixiert ist. Anders die Quellen: Sie schaffen Erinnerung an das Gewesene. Doch weil sie dies in ständiger Wiederholung tun, halten auch sie – darin der Nacht gleich – das Flüchtige fest.

In dem Gedicht ist der Natur ein nachgerade menschliches Empfinden unterlegt. Doch machen sich Nacht und Quellen tatsächlich Gedanken über das Verfließen der Zeit? Eher ist es wohl so, dass sich im Mantel der Natur ein – zwiegespaltenes – menschliches Bewusstsein zu erkennen gibt. *Stefan Dosch*

HUGO VON HOFMANNSTHAL

Terzinen über Vergänglichkeit

Noch spür ich ihren Atem auf den Wangen:
Wie kann das sein, daß diese nahen Tage
Fort sind, für immer fort, und ganz vergangen?

Dies ist ein Ding, das keiner voll aussinnt,
Und viel zu grauenvoll, als daß man klage:
Daß alles gleitet und vorüberrinnt.

Und daß mein eignes Ich, durch nichts gehemmt,
Herüberglitt aus einem kleinen Kind
Mir wie ein Hund unheimlich stumm und fremd.

Dann: daß ich auch vor hundert Jahren war
Und meine Ahnen, die im Totenhemd,
Mit mir verwandt sind wie mein eignes Haar,

So eins mit mir als wie mein eignes Haar.

Ein Gespenst bei hellem Tage

Hugo von Hofmannsthal (1874 bis 1929) war der gebildeten, begüterten Josephine von Wertheimstein in tiefer Freundschaft verbunden. Ihr Tod 1894 in Döbling, einem Wiener Bezirk, verstörte den Dichter zutiefst. In einem Brief aus demselben Jahr schreibt er: „…ihre edle, großartige Schönheit war in etwas Schattenhaftes, Verblichenes, Hilfloses verwandelt." Hofmannsthal spricht weiter vom „unsäglich Entwürdigenden, grauenvoll Erniedrigenden des Sterbens".

Hieran knüpft das Gedicht „Über Vergänglichkeit" an. Es entstand 1894 aus Anlass des Todes der feinsinnigen Freundin und eröffnet eine Gruppe von Terzinen. 1896 wurde es erstmals in Stefan Georges „Blättern für die Kunst" publiziert.

„Noch" – dieses für die Lyrik so wichtige Wort beschwört die Gegenwart der Verstorbenen herauf, und es weiß zugleich um den unwiederbringlichen Verlust. Das Gedicht spielt dieses Gegen- und Ineinander von Nähe und Ferne bis zum Ende durch. Das (erinnerte) Erleben der ersten Zeile führt sogleich in die Reflexion: „Wie kann das sein?" Diese schönen Tage, „fort", „für immer fort, und ganz vergangen". Die Zeile fällt ins Stakkato, die Sprache fasst es nicht.

„Noch" – dieses Wörtchen, ein Indikator der Vergänglichkeit, hat in Gedichten aller Zeiten das große Wehklagen in Strophen gesetzt. Das ist dem jungen genialischen Dichter aus Wien zu wohlfeil. Welches Klagen käme gegen das Grauen an? Zumal dann, wenn man auf den Himmel nicht mehr hoffen kann. In Hofmannsthals Gedicht dringt das lyrische Ich aus der Vergänglichkeit des Lebens in die Tiefen der eigenen Vergangenheit und seines Herkommens. Das Fernste, die Kindheit wie die Ahnen, wird zum Nächsten: „So eins mit mir als wie mein eigenes Haar". Hier mischen sich aufs Neue, sehr viel radikaler als zu Gedichtbeginn, Leben und Tod. Diese rätselhafte Verflochtenheit, dieses fortwährende Gleiten und Vorüberrinnen bringt nicht nur das Maß der irdischen Zeit außer Takt, es erschüttert vor allem das Ich von Grund auf: Was ist eigen, was ist fremd? Wie sicher kann ich meines Daseins sein?

Die insistierende Reihung der „dass"-Sätze bekräftigt die Erschütterung: Der Gang des Ich ins Innere, in die Erinnerung, endet in der Selbstentfremdung. Hofmannsthals seelische „Tiefenbohrung" zeitigt im undurchdringlichen Gewebe von Leben und Tod „chronischen Schwindel". Man sei, schrieb der Dichter 1893 im Brief, „wie ein Gespenst bei hellem Tage".

Alles ist Übergang. Dem kommen auch die Strophen übergreifenden Reime des Dreizeilers entgegen. Hofmannsthal beweist allerdings in diesem Gedicht auch in der Terzine hohe Eigenständigkeit.

Günter Ott

JOHANN WOLFGANG GOETHE

Selige Sehnsucht

Sagt es niemand, nur den Weisen,
Weil die Menge gleich verhöhnet,
Das Lebend'ge will ich preisen
Das nach Flammentod sich sehnet.

In der Liebesnächte Kühlung,
Die dich zeugte, wo du zeugtest,
Ueberfällt dich fremde Fühlung
Wenn die stille Kerze leuchtet.

Nicht mehr bleibest du umfangen
In der Finsterniß Beschattung,
Und dich reißet neu Verlangen
Auf zu höhrer Begattung.

Keine Ferne macht dich schwierig,
Kommst geflogen und gebannt,
Und zuletzt, des Lichts begierig,
Bist du Schmetterling verbrannt.

Und so lang du das nicht hast,
Dieses: Stirb und werde!
Bist du nur ein trüber Gast
Auf der dunklen Erde.

Die im Dunkeln sehen sich nicht

Wie viele haben nicht schon dieses „Stirb und werde!" in den Mund genommen. Aber wie viele von ihnen wissen, welchem Gedicht das Postulat entstammt? Hier ist ein Herzstück in Dichtung und Leben Goethes zur Formel verblasst – so sehr, dass oft noch nicht einmal die Reihenfolge auffällt: Zuerst kommt der Tod, dann das Leben (anders als in der verwandten Redensart vom „Werden und Vergehen").

Goethe beschwört die „selige Sehnsucht" nach dem Leben, nach der stets aufs Neue durch den ewigen Kreislauf von „Stirb und werde" angetriebenen Wiedergeburt. Diese ist indes keine jenseitige Schimäre, sondern Aufgabe im Diesseits, Motor menschlicher Selbstbestimmung und Frucht „höherer", sprich geistiger „Begattung".

Das Gedicht, am 31. Juli 1814 im „Weißen Adler" zu Wiesbaden entstanden, schließt die erste, äußerst produktive Schaffensphase am „Westöstlichen Divan" ab. Diese Sammlung, angestoßen durch Goethes Lektüre des persischen Dichters Hafis (gest. um 1388), war für den Weimarer in der Tat so etwas wie eine „höhere Begattung", eine dichterische Erneuerung. Sie entzündete seine Inspiration dermaßen, dass er oft täglich zwei bis drei Gedichte niederschrieb, „auf freiem Felde, im Wagen oder im Gasthof". In jenen Zeiten überhitzter nationalistisch-patriotischer Verse stellte Goethe seine Dichtung gleichsam auf ost-westlichen Durchzug. Später würdigte er seinen schöpferischen Schub mit dem Bekenntnis: „Geniale Naturen… erleben eine wiederholte Pubertät".

Es ist hier nicht der Platz, den vielen Interpreten der „Seligen Sehnsucht" in die Tiefen ihrer Deutungen nachzusteigen. Das Gedicht ist schwierig, weil es sprechende Bilder (Kerze, Schmetterling) und Abstrakta („fremde Fühlung") zusammenführt, die Sinnenlust der „Liebesnächte" und Todesahnungen, Leidenschaft und Verwandlung. Zudem wechselt die Ansprache – wobei die anfängliche Redefigur an die Eingeweihten, die „Weisen", adressiert ist und die vorschnell höhnende Menge ausschließt. Goethe stellt sein Gedicht in den Exklusivitäts-Modus.

Das „Stirb und werde!", schon in Vers 3/4 anklingend, klammert das Ganze. Die letzte, in Vers 18/20 nur noch dreihebige Strophe, spitzt die Aussage zum Sinnspruch zu. Dem nach Licht und Feuer strebenden, dem (selbst-)schöpferischen Menschen gilt die beseligende Sehnsucht. Goethe hebt damit natürlich auch seinen Anspruch als Dichter hervor. Als Kontrastfolie fungieren jene, die sich „auf der dunklen Erde" fremd bleiben. Die im Dunkeln sieht man nicht, wird Brecht später beklagen… Goethes Blick ist ein anderer: Die im Dunkeln sehen (und erkennen) sich selbst nicht. *Günter Ott*

WILHELM BUSCH

Es sitzt ein Vogel auf dem Leim

Es sitzt ein Vogel auf dem Leim,
Er flattert sehr und kann nicht heim.
Ein schwarzer Kater schleicht herzu,
Die Krallen scharf, die Augen gluh.
Am Baum hinauf und immer höher
Kommt er dem armen Vogel näher.

Der Vogel denkt: Weil das so ist
Und weil mich doch der Kater frisst,
So will ich keine Zeit verlieren,
Will noch ein wenig quinquilieren
Und lustig pfeifen wie zuvor.
Der Vogel, scheint mir, hat Humor.

Humor ist, wenn man trotzdem zwitschert

Kommt die Rede auf Wilhelm Busch, geht es in aller Regel um seine Bildergeschichten, um „Max und Moritz" und „Die fromme Helene", um „Plisch und Plum" oder um „Fipps, der Affe". Wenig geläufig dagegen ist, dass deren Schöpfer auch Verse ohne Illustrationen schrieb. Freilich delektierte sich das Publikum schon zu Lebzeiten von Busch (1832 bis 1908) weit mehr an seinen drastisch-humoristischen Zeichnungen samt Reimen, als an Gedichtbänden wie der „Kritik des Herzens", worin das Gedicht vom bemitleidenswerten Vogel 1874 erstmals veröffentlicht wurde.

Nicht anders als in den Bildergeschichten lässt Busch auch in seiner reinen Wortkunst gerne Tiere auftreten – um jedoch, wie es sich für Tierfabeln gehört, im Grunde auf den Menschen abzuzielen. Im vorliegenden Gedicht nun ist des Menschen Statthalter ein Vogel. Der sieht sich in eine Situation gelangt, die für jedes Lebewesen unausweichlich ist: Vor dem Tod gibt es kein Entrinnen, irgendwann gehen ihm alle auf den Leim.

Für einen Vogel, der – wie Strophe zwei offenbart – unverkennbar menschliche Regungen besitzt, wäre es eine verständliche Reaktion, wenn er in dem Moment, in dem sich jede Hoffnung verflüchtigt, nichts als starr dem Unausweichlichen entgegenharren würde. Buschs Vogel jedoch reagiert anders. Für seine letzten Augenblicke nimmt er sich vor zu tun, was er in seinem bisherigen Leben auch schon getan hat, nämlich „quinquilieren", unbeschwert trällern.

Das Lebensende als letzte Gelegenheit für einen nochmals erfüllt-heiteren Moment – was ist das? Tragisch? Heldenhaft? Lächerlich? Busch enthält sich solcher Wertungen, lässt aber durchblicken, dass er Sympathie hat für einen Fatalismus, dessen Motto lautet: Humor ist, wenn man trotz allem noch „lustig pfeift".

Seine trocken-treffgenaue Wirkung bezieht das Gedicht aus einer Sprache, die gerade nicht kennzeichnet, was Lyrik sonst ausmacht: Sie verzichtet auf prächtige Instrumentierung, gibt sich schnörkellos, kommt ohne Metaphern aus. Einzige Ausnahme bildet das Adjektiv „gluh", eine Neuschöpfung Buschs – einerseits aus der Notwendigkeit des Reims geformt, zum anderen feinsinnig angelehnt an das Wortfeld „glühend". Dieses eine Wörtchen trägt zusammen mit dem wohlbedacht-lapidaren Ton der übrigen Zeilen dazu bei, dass die eigentlich dramatische Situation – gleich wird die gluhäugige Katze den Vogel totbeißen – einen Drift ins Leichte und Spielerische erhält.

Busch war der Vogel selbst: Sogar beim Bedichten eines solch bitterernsten Themas konnte er, wollte er den Humoristen in sich nicht verleugnen.

Stefan Dosch

HUGO BALL

Karawane

jolifanto bambla ô falli bambla
grossiga m'pfa habla horem
égiga goramen
higo bloiko russula huju
hollaka hollala
anlogo bung
blago bung
blago bung
bosso fataka
ü üü ü
schampa wulla wussa ólobo
hej tatta gôrem
eschige zunbada
wulubu ssubudu uluw ssubudu
tumba ba- umf
kusagauma
ba – umf

Wenn die Vokale purzeln

Was ist das? Ein Gedicht? Oder doch eher ein Witz? Wer oder was soll da auf den Arm genommen werden? Was als schiere Unvernunft, als Nonsense erscheint, verdankt sich einem durchaus vernünftigen Misstrauen gegen die Konventionen der (dichterischen) Sprache. Hugo Ball (1886 bis 1927) hat sich gewiss einen Scherz erlaubt, aber einen mit tieferer Bedeutung. Der Dichter gründete nach seiner Emigration aus Deutschland im Februar 1916 in der Zürcher Spiegelgasse das „Cabaret Voltaire", die Keimzelle des Dadaismus. Diese umstürzlerische Bewegung trieb die herkömmliche Kunstpraxis in die Absurdität. Sie zielte überdies auf eine Erneuerung der sprachlichen Gepflogenheiten, ja der Gesellschaft insgesamt.

Balls „Karawane" entstand im Frühsommer 1916. „Ich habe eine neue Gattung von Versen erfunden, ‚Verse ohne Worte' oder Lautgedichte…", schreibt der Dichter im Tagebuch. Dort schildert er seinen öffentlichen Vortrag der „Karawane" im Zürcher Dada-Club. Dabei stand er wie ein Obelisk bis zur Hüfte in einer blauen Karton-Säule, angetan mit flügelartigem Mantelkragen und Schamanenhut. Der Dichter in der grotesken Dada-Maske, der seine Lesung als quasi-sakralen Akt inszeniert! Seine Stimme, so schreibt er weiter, nahm mehr und mehr „jenen Stil des Meßgesangs" an, „wie er durch die katholische Kirche… wehklagt". Zuletzt sei er „schweißbedeckt als ein magischer Bischof in die Versenkung getragen" worden. So wurde ein Vortrag zur theatralen Aufführung. Das Gedicht kehrte gleichsam an den Ursprung der Poesie – in die Mündlichkeit – zurück. Man muss die „Karawane", welche die Spurenelemente der Sprache wie ein Buchstabenband entrollt, laut lesen – mit je eigenen Betonungen, Tempowechseln, Wortmelodien. „Ich lasse die Vokale kobolzen. Ich lasse die Laute ganz einfach fallen, etwa, wie eine Katze miaut", sagt Hugo Ball.

Sein Lautgedicht ist auch ein visuelles Gedicht: Jede Zeile hat, anders als in unserem Abdruck, eine eigene Typografie. Im ersten Wort klingt noch der ursprüngliche Titel „Elefantenkarawane" an. „russula" könnte auf den Rüssel verweisen. Die dumpfen u-Laute imitieren (womöglich) Stampfgeräusche. Dazu kommen Vokalreihungen, Wiederholungen, exotische Zauberformeln. Doch bei aller lustvoll-kindlichen Vertiefung ins Spiel der „Ur- und Naturlaute" schließt auch die „Karawane" (zumindest zum Teil) an vertraute Wortklänge an. Selbst der Dadaismus entkommt nicht dem, wogegen er sich richtet. Ball rückte schließlich vom Sprachexperiment ab – und rühmte dafür den Wohllaut liturgischer Verse: „Et in unam sanctam Catholicam et apostolicam Ecclesiam…"
Günter Ott

JUSTINUS KERNER

Der Wanderer in der Sägmühle

Dort unten in der Mühle
Saß ich in süßer Ruh
Und sah dem Räderspiele
Und sah den Wassern zu.

Sah zu der blanken Säge,
Es war mir wie ein Traum,
Die bahnte lange Wege
In einen Tannenbaum.

Die Tanne war wie lebend,
In Trauermelodie,
Durch alle Fasern bebend
Sang diese Worte sie:

Du kehrst zur rechten Stunde,
O Wanderer, hier ein,
Du bist's, für den die Wunde
Mir dringt ins Herz hinein!

Du bist's, für den wird werden,
Wenn kurz gewandert du,
Dies Holz im Schoß der Erden
Ein Schrein zur langen Ruh.

Vier Bretter sah ich fallen,
Mir ward's ums Herz schwer,
Ein Wörtlein wollt ich lallen,
Da ging das Rad nicht mehr.

Der Schreck vor dem eigenen Ende

„Die Deutschen sind wunderbar und bleiben es", schrieb der schwer kranke Franz Kafka im September 1922 an seine Freundin Milena Pollak, die gerade ein deutschkritisches Feuilleton aus dem Tschechischen übersetzt hatte; als Zeugnis für ein sympathisches Deutschland verweist Kafka auf Justinus Kerners „Gedicht von der Säge", eines seiner Lieblingsgedichte, das er der Briefpartnerin sogar abschreiben wollte.

Es ist nicht allein die schlichte Begegnung zwischen dem Wanderer, als einer noch romantischen Figur, und dem Handwerk des 19. Jahrhunderts, die das Gedicht so menschlich macht; vor allem ist es der Umschlag von einer eher mechanischen Bewegung zu einer persönlichen Betroffenheit, der das Gedicht zu einer unpathetischen und packenden Erschütterung werden lässt. Das Holz der Tanne ist hier nicht bloßes Arbeitsmaterial, sondern „wie lebend" – es empfindet menschliche Trauer, wenn die Säge ihm ins Herz dringt. Was in der zweiten Strophe noch „wie ein Traum" nach romantischer Verklärung hätte aussehen können, wird durch die bebende Anrede der Tanne zur Betroffenheit des Wanderers.

Die Mühle ist nicht mehr der Ort des Unheimlichen oder der Verführung, sondern ein Ort der Arbeit, jedoch auch der Erkenntnis. Die „süße Ruh" des Wanderers hält nicht lange, am Ende verschlägt es ihm die Sprache und es wird ihm schwer ums Herz. Er streift nicht als Unbefangener durch die Welt, vielmehr erfährt er, dass seine Wanderung kurz sein wird – angesichts der „langen Ruh", die er im Sarg findet. Unversehens begegnet er seiner Zukunft, wird mit seiner eigenen Endlichkeit konfrontiert – nicht nur die Tanne leidet, sondern ihre „Trauermelodie" ist dem Wissen um die begrenzte Lebensdauer des Wanderers geschuldet.

Kerners schlichtes Gedicht in dreihebigen Jamben, mit einem Kreuzreim, der klingende und stumpfe Ausklänge verbindet, unterstreicht durch das gegenrhythmische „Du bist's" in der vierten und fünften Strophe den Schreck der Erkenntnis. Gedruckt wurde das Gedicht erstmals 1830 im „Morgenblatt für gebildete Stände". Damals lebte und pflegte er schon seit Jahren die gesellige Kultur im Weinsberger Kernerhaus, wo er als Dichter und Arzt geschätzt wurde. Sein Interesse am Spirituellen, an visionären Ausblicken ins Übernatürliche – die „Seherin von Prevorst" verbrachte längere Zeit in seinem Haus – machte ihn zu einer weithin wahrgenommenen, dann nicht unumstrittenen Gestalt. Seine Lyrik aber hat, trotz hämischer Kritik von Heine, auch dank der Vertonungen von Schumann, überlebt, sie findet, wie im Falle Kafkas, immer wieder ihre begeisterten Leser. 1862 ist Kerner mit 75 Jahren gestorben.

Mathias Mayer

ERNST STADLER

Vorfrühling

In dieser Märznacht trat ich spät aus meinem Haus.
Die Straßen waren aufgewühlt von Lenzgeruch und grünem Saatregen.
Winde schlugen an. Durch die verstörte Häusersenkung ging ich weit hinaus
Bis zu dem unbedeckten Wall und spürte: meinem Herzen schwoll ein neuer Takt entgegen.

In jedem Lufthauch war ein junges Werden ausgespannt.
Ich lauschte, wie die starken Wirbel mir im Blute rollten.
Schon dehnte sich bereitet Acker. In den Horizonten eingebrannt
War schon die Bläue hoher Morgenstunden, die ins Weite führen sollten.

Die Schleusen knirschten. Abenteuer brach aus allen Fernen.
Ueberm Kanal, den junge Ausfahrtwinde wellten, wuchsen helle Bahnen,
In deren Licht ich trieb. Schicksal stand wartend in umwehten Sternen.
In meinem Herzen lag ein Stürmen wie von aufgerollten Fahnen.

Aufgewühlt vom Lenz

Frühling, das ist die Zeit des (Wieder-)Erwachens der Natur. Er ist für den Menschen die Zeit eines neuen Lebensgefühls. Und: Es ist die Jahreszeit des Expressionismus, der sich vor allem einem verschrieben hat – dem Aufbruch!

Von nichts anderem spricht Ernst Stadlers Gedicht „Vorfrühling". Es steht im Präteritum, gibt also ein bereits eingetretenes, allenthalben spürbares, mitreißendes, wenngleich noch nicht abgeschlossenes Erleben wieder. Die in drei Strophen gefassten, kreuzweise gereimten, metrisch indes nicht streng regulierten Langzeilen sind 1913 entstanden. Nur ein Jahr später war der elsässische Dichter tot, gerade einmal 31-jährig durch eine Handgranate in Belgien aus dem Leben gerissen.

Die „Vorfrühling"-Verse stehen in Stadlers wichtigster Gedichtsammlung: „Der Aufbruch" (1914). Dieser durchaus mit Sendungsbewusstsein gewählte Titel gleicht in jenen Jahren einem programmatischen Fanfarenstoß. „Alle wahre Kunst dient der Zukunft", verkündete Stadler. Aus seinem Munde kam auch die expressionistische Losung schlechthin: „Mensch werde wesentlich".

Was aber heißt das? Gewiss, die Künstler wollten in den 1910er- und 1920er-Jahren aus der bedrückend erfahrenen Gegenwart freikommen, zunächst durch die umstürzende, vom vitalistischen Furor Nietzsches beflügelte Sprache. In dem, wovon er sich abgrenzte, gewann der Expressionismus starkes Profil, nicht jedoch in dem, wohin er mit dem Menschen und der Gesellschaft wollte. Dieses Ungefähr kennzeichnet auch Stadlers Gedicht. Es beginnt mit einer fast nachrichtlichen Zeile. Sie setzt das lyrische Ich in Gang und setzt es sogleich in eins mit dem Aufbruch der Natur. Die Bewegung geht aus der Enge in die Weite, aus der Nacht ins Morgenlicht, von der „Häusersenkung" unten zu den fernen Sternen oben. Diese vom „jungen Werden" des Frühlings („Lenzgeruch", „grüner Saatregen", der bereitete Acker) geprägte Bewegung ist als nahezu pfingstlich „umwehte" Erregung inszeniert. Alles drängt ins Freie. Die dynamischen Verben überbieten sich gleichsam darin, mobil zu machen.

Das Gedicht entwirft eine Vision. Denn dieser durch die Natur in Gang gesetzte Aufbruch ist noch nicht am Ziel. Der neue Mensch, das neue Lebensgefühl bleiben eine dauerhafte Aufgabe: Noch staut sich der (Wasser-)Druck in den Schleusen, noch sind die Fahnen im aufgewühlten Herzen „aufgerollt", noch ist der Frühling ein „Vorfrühling". All das setzt das Gedicht unter Hochspannung. Sein Überschwang spiegelt freilich auch jene Begeisterung, mit der so viele Künstler 1914 in den Weltkrieg gezogen sind.

Günter Ott

MATTHIAS CLAUDIUS

Der Tod und das Mädchen

Das Mädchen:
Vorüber! Ach, vorüber!
Geh, wilder Knochenmann!
Ich bin noch jung, geh Lieber!
Und rühre mich nicht an.

Der Tod:
Gib deine Hand, du schön und zart Gebild!
Bin Freund, und komme nicht, zu strafen.
Sei guten Muts! Ich bin nicht wild,
Sollst sanft in meinen Armen schlafen!

Die Liebe und der ewige Schlaf

Das späte Mittelalter sah den Tod als Tänzer. Skelettiert und oft mit Sense tritt er an Lebende jeglichen Standes heran, lädt sie zum Tanz, beruft sie ab ins Jenseits. Zahlreich sind die Bilddarstellungen solcher Totentänze – begleitet von Texten, die als Wechselrede zwischen dem Tod und den von ihm Auserwählten gestaltet sind. Diese Tradition setzt Matthias Claudius fort mit jenem Gedicht „Der Tod und das Mädchen", das 1775 erstmals gedruckt erschien.

Claudius greift die überkommene Dialogform auf; jedem der bereits im Titel genannten Beteiligten weist er eine Strophe zu. Das Mädchen beginnt und äußert heillosen Schrecken, denn der Tod will es „anrühren", also aus dem Leben nehmen. Matthias Claudius hat dieser Panik eindrücklichen Sprachausdruck verliehen, und das, obwohl die Verse des Mädchens auf den ersten Blick nicht anders gestaltet sind als die ihres Gegenübers: durchlaufender Jambus, die Zeilenenden über Kreuz gereimt.

Doch während die Verse in der Strophe des Todes fünf beziehungsweise vier Hebungen aufweisen, sind es in der ersten Strophe lediglich drei: Ausdruck der flackernden Gemütslage des Mädchens beim Anblick des „wilden Knochenmanns". Dazu einzelne, hervorgestoßene Wörter („Vorüber"), ein Klagelaut („Ach"), wiederholte, drängende Imperative („Geh"), schließlich nicht weniger als vier Ausrufezeichen, die den Satzfluss jedes Mal neu ins Stocken bringen.

Und doch, in die keuchende Angst mischt sich am Ende des dritten Verses ein Wort, das im bisherigen Kontext seltsam anmutet: Der Tod wird als „Lieber" angesprochen. Unternimmt das Mädchen in seiner Verzweiflung den Versuch, durch Unterwürfigkeit den Tod gnädig zu stimmen? Oder deutet sich hier ein Einvernehmen der jungen Frau mit dem Unvermeidlichen an? Leise und doch vernehmbar schleicht sich ein erotischer Klang ein, der sich mit dem Einsetzen der zweiten Strophe noch verstärkt.

Denn die Rede des Todes ist eine unverhohlene Werbung, wie ein Freier bittet er um die Hand des Mädchens und rühmt ihre anziehende Erscheinung („du schön und zart Gebild"). Liebe und Tod, Eros und Thanatos – ein altes, in der Kunst sich immer wieder verschränkendes Motivpaar.

Der Schlussvers des Gedichts lässt sich als nochmalige Steigerung lesen, als unverhohlene Anspielung auf Körperliches. Zugleich bezeichnet das Versprechen des sanften Schlafs „in meinen Armen" aber auch das eigentliche Geschäft des Todes, die Hinführung zum ewigen Schlaf. Schlicht großartig, wie Matthias Claudius hier zweierlei Bedeutungen in eine Formulierung fasst und sie doch in der Schwebe hält.

Stefan Dosch

ANNETTE VON DROSTE-HÜLSHOFF

Lebt wohl

Lebt wohl, es kann nicht anders sein!
Spannt flatternd eure Segel aus,
Laßt mich in meinem Schloß allein,
Im öden geisterhaften Haus.

Lebt wohl und nehmt mein Herz mit euch
Und meinen letzten Sonnenstrahl;
Er scheide, scheide nur sogleich,
Denn scheiden muß er doch einmal.

Laßt mich an meines Seees Bord,
Mich schaukelnd mit der Wellen Strich,
Allein mit meinem Zauberwort,
Dem Alpengeist und meinem Ich.

Verlassen, aber einsam nicht,
Erschüttert, aber nicht zerdrückt,
Solange noch das heil'ge Licht
Auf mich mit Liebesaugen blickt.

Solange mir der frische Wald
Aus jedem Blatt Gesänge rauscht,
Aus jeder Klippe, jedem Spalt
Befreundet mir der Elfe lauscht.

Solange noch der Arm sich frei
Und waltend mir zum Äther streckt,
Und jedes wilden Geiers Schrei
In mir die wilde Muse weckt.

Die Liebe geht, die Dichtkunst bleibt

Es ist ein schonungsloses Abschiedsgedicht, das Annette von Droste-Hülshoff (1797 bis 1848) am 30. Mai 1844 niedergeschrieben hat. Der im Entwurf stehende Titel „An L und L" zeigt, vor welchem Hintergrund es entstanden ist: 1839 ist die Dichterin auf den um 17 Jahre jüngeren Levin Schücking aufmerksam geworden. Eine „Art mütterlichen Gefühls", wie sie schrieb, war nach und nach von einer Liebe kaum mehr zu trennen, die selbst Schückings Heirat mit Louise von Gal 1843 überdauerte und erst 1846 zerbrach. Ende Mai 1844 verließ das Ehepaar Schücking die Dichterin nach einem längeren Aufenthalt bei ihr in Meersburg. Unter dem weniger unmittelbaren Titel „Lebt wohl" ist das Gedicht am 28. August 1844 im „Morgenblatt" erschienen.

Im vorliegenden Gedicht mit seinen nur männlichen, nicht klingenden Kadenzen geht es zwar um die Anhänglichkeit – „Lebt wohl und nehmt mein Herz mit euch", aber im Mittelpunkt steht die Entschiedenheit der Trennung. In den ersten drei Strophen ist vom „Allein"-Bleiben des lyrischen Ichs die Rede, das „Scheiden" wird in der zweiten Strophe dreimal benannt – zurück bleibt das lyrische Ich im „geisterhaften Haus", der letzte Sonnenstrahl scheint aus dem Leben geschwunden. Hier wird der Schmerz schonungslos ausgesprochen. Das lyrische Ich richtet sich in der dritten Strophe ein in der prekären, nicht ganz gesicherten Existenz am Rand des Wassers, auf schaukelndem Boden gleichsam, in dem aber das „Zauberwort", der „Alpengeist" und „mein Ich" eine Art Grundausstattung bieten.

Sie kommt in dem grandiosen zweiten Teil zum Einsatz, einem über drei Strophen sich erstreckenden Satzgefüge, das als Bestandsaufnahme, als Naturverständnis und als dichterische Selbstvergewisserung eine beispiellose Sprach- und Bildkraft entfaltet. Die „wilde Muse" am Ende des Gedichtes benennt die unkonventionelle, auch vor Selbstdemontage nicht zurückscheuende Art ihres Schreibens, ein der rauen Natur und ihren mythischmagischen Kräften verpflichtetes Dichten, das in seiner Ausgesetztheit in der deutschen Literatur wohl ohne Beispiel ist. Hier spricht so gar nicht die katholische Autorin des „Geistlichen Jahrs", sondern mit dem „heiligen Licht" und dem „Äther" eine griechisch-heidnische Sängerin, die aber überdies auch für den Elfen einen Platz einräumt. Selbst Verlassenheit und Erschütterung setzen das lyrische Ich nicht der Verzweiflung aus – das dreimalige „solange" markiert unübersehbar die Bedingung und die Gefährdung eines dichterischen Überlebens aus der Kraft der Natur. Dichterisch produktiv ist das Leben, das sich aus der Gemeinschaft mit den Menschen zurückgezogen hat. *Mathias Mayer*

HANS JAKOB CHRISTOFFEL VON GRIMMELSHAUSEN

Komm Trost der Nacht

Komm Trost der Nacht, o Nachtigall,
Laß deine Stimm mit Freudenschall
Aufs lieblichste erklingen;
Komm, komm, und lob den Schöpfer dein,
Weil andre Vöglein schlafen sein
Und nicht mehr mögen singen!
Laß dein Stimmlein
Laut erschallen, dann vor allen
Kannst du loben
Gott im Himmel hoch dort oben.

Obschon ist hin der Sonnenschein
Und wir im Finstern müssen sein,
So können wir doch singen;
Von Gottes Güt' und seiner Macht,
Weil uns kann hindern keine Nacht,
Sein Lob zu vollenbringen.
Drum dein Stimmlein…

Echo, der wilde Widerhall,
Will sein bei diesem Freudenschall
Und lässet sich auch hören;
Verweist uns alle Müdigkeit,
Der wir ergeben allezeit,
Lehrt uns den Schlaf betören.
Drum dein Stimmlein…

Die Sterne, so am Himmel stehn,
Lassen sich zum Lob Gottes sehn,
Und tun ihm Ehr beweisen;
Auch die Eul', die nicht singen kann,
Zeigt doch mit ihrem Heulen an,
Daß sie Gott auch tu preisen.
Drum dein Stimmlein…

Nur her, mein liebstes Vögelein,
Wir wollen nicht die fäulste sein
Und schlafend liegen bleiben,
Sondern bis daß die Morgenröt
Erfreuet diese Wälder öd,
Im Lob Gottes vertreiben.
Laß dein Stimmlein
Laut erschallen, dann vor allen
Kannst du loben
Gott im Himmel hoch dort oben.

Die Sängerin der Nacht

Der junge Simplicius, verstört durch die Grausamkeiten und Kriegsschrecken ringsum, irrt nach der Zerstörung des heimatlichen Hofes durch einen tiefen Wald, bis er auf den Einsiedel (seinen wahren Vater) trifft. Parsifal lässt grüßen. Mitten in der Nacht vernimmt Simplicius (der „Einfachere") das sogenannte Nachtigallenlied des Einsiedels: „Komm Trost der Nacht, o Nachtigall..."

Das Lied aus dem „Simplicissimus"-Roman (1668) des Hans Jakob Christoffel von Grimmelshausen (um 1622 bis 1676) ist eines der schönsten und berühmtesten Gedichte der Barockzeit. Sein Zauber bewegte noch die Romantiker Tieck, Brentano und Eichendorff. Was aber macht diesen Zauber aus? Die paarweise beziehungsweise umarmend gereimten Verse nehmen sich metrische Freiheiten heraus: „Lassen sich zum Lob Gottes sehn" oder „Auch die Eul, die nicht singen kann". Fast schon augenzwinkernd setzt der Autor eine Zeile wie „Weil andre Vöglein schlafen sein". Konsequent im Wechsel von Hebung und Senkung verfährt Grimmelshausen hingegen im (leicht variierten) Refrain: „Laß dein Stimmlein..."

Das „Nachtigallenlied" erweist sich als wahres Barockgeschöpf, zum Beispiel in den Antithesen (Schlaf und Wachen, Licht und Dunkel, Schall und Einsamkeit), mehr noch im Vanitas-Motiv, im einsiedlerischen Glück der Weltenferne, in der Nähe zum Gotteslob. Doch Grimmelshausen treibt im fortlaufenden Dreiklang von Nachtigall, Echo und Morgenstern all dies gerade nicht in jenem jenseitsseligen und barockernsten Überschwang hervor, der uns so manches Gedicht jener Zeit vergällt. Er predigt und prunkt nicht, sondern besticht durch eine Natürlichkeit und Innigkeit, die noch heute anzurühren vermag. Zumal dem Gedicht ein Anflug von Humor, etwa in der Personifizierung des Echos oder im lautmalerischen Band von „Eul" und „heulen", nicht fernliegt.

Das Gedicht eröffnet eine Zwiesprache mit der Nachtigall (eigentlich „Nachtsängerin"), einem verbreiteten Symbol des Trostes in der Einsamkeit; man könnte auch von einem verheißungsvollen Ton in der Finsternis sprechen. Die Nachtigall stiftet den Zusammenhang zwischen Singen und Dichten. Natürlich klingen in diesem Nachtlied die Schrecknisse des (30-jährigen) Krieges an. Aber sie klingen eben nur an, laufen gleichsam im Hintergrund mit. Die Verse legen nahe, Trägheit und Schlaf zu überwinden, wachsam zu sein, in der Zeit und über die Zeit hinaus.

Die Nacht steht im Barock für das Unheil. Der Trost liegt darin, dass dieses Unheil endet. Das „Morgenröt" verheißt nämlich nicht nur den künftigen Tag, sondern den Beginn des ewigen Lebens.

Günter Ott

MAX HERRMANN-NEISSE

Heimatlos

Wir ohne Heimat irren so verloren
und sinnlos durch der Fremde Labyrinth.
Die Eingebornen plaudern vor den Toren
vertraut im abendlichen Sommerwind.
Er macht den Fenstervorhang flüchtig wehen
und läßt uns in die lang entbehrte Ruh
des sichren Friedens einer Stube sehen
und schließt sie vor uns grausam wieder zu.
Die herrenlosen Katzen in den Gassen,
die Bettler, nächtigend im nassen Gras,
sind nicht so ausgestoßen und verlassen
wie jeder, der ein Heimatglück besaß
und hat es ohne seine Schuld verloren
und irrt jetzt durch der Fremde Labyrinth.
Die Eingebornen träumen vor den Toren
und wissen nicht, daß wir ihr Schatten sind.

Vom Grenzpfahlwahn

Groß erscheint der Kopf auf dem kindlichen Leib. Die Stirnknochen treten vor, das Haupt ist auf die Brust gesunken, die Hände krallen ineinander. Im knittrigen Anzug sitzt Max Herrmann-Neiße im Lehnstuhl fest. Lediglich dessen Blümchenmuster hellt den bedrückenden Ernst des Dreiviertelporträts auf, das George Grosz 1927 von seinem Freund gemalt hat.

Zu diesem Kreis in den Berliner Zwanzigern zählten auch Zille und Polgar, Ringelnatz, Alfred Kerr und Else Lasker-Schüler. Die Dichterin über Herrmann-Neiße: „Der ist ganz klein, trägt einen Hügel auf dem Rücken, sodass man ihn erst, wenn man mit ihm reden will, besteigen muss…" Im Berlin jener Jahre war der von Geburt an missgebildete Dichter, Erzähler und Kabarettist Herrmann-Neiße (1886 bis 1941), der sich nach seiner Geburtsstadt im Schlesischen nannte, eine Größe. 1914 erhielt er den Eichendorff-Preis (für seinen Gedichtband „Sie und die Stadt"), 1927 den Gerhart-Hauptmann-Preis. Seine Freunde riefen ihn „Macke". Und heute? Wer kennt noch jenen Mann (und Mitbegründer des Exil-PEN), der zu den bedeutenden deutschsprachigen Lyrikern der Emigration zählt?

In manchem seiner Verse vor 1933 nimmt Herrmann-Neiße das Exil vorweg, die Einsamkeit, Verlorenheit, Erniedrigung. Man sehe auf seine Gedichtsammlungen „Stern des Schmerzes" (1924), „Einsame Stimme" (1924), „Abschied" (1928). Bald nach der Machtübernahme Hitlers verlässt der Dichter mit seiner Frau sein Heimatland. Wenig später brennen seine Bücher, 1938 wird er ausgebürgert.

Herrmann-Neiße bleibt sein Leben lang seelen- und heimwehkrank. 54-jährig stirbt er in London. Eine Heimat findet er nur mehr in der Sprache: „Ein deutscher Dichter bin ich einst gewesen…" Vom Bruch dieser Biografie, vom Elend des Exils, von der Aufzehrung eines Menschenlebens spricht „Heimatlos". Die Zeilen senden SOS-Signale: irren, verloren, Fremde, Labyrinth. Sie wiederholen am Anfang und am Ende die Reimwörter, schließen die Jamben wie einen Block ab und schweißen gleichsam in diesen den unversöhnlichen Kontrast ein zwischen den Fremden und den Eingeborenen.

Das Gedicht entwurzelt die Behaglichkeit jener, die im Frieden ihrer Stuben wie im Traume ruhen. Herrmann-Neiße lässt sein Gedicht großartig ausklingen. Die Schlusszeilen ragen blitzartig hinein in die Gegenwart, mahnen, dass wir, die „Eingeborenen", die „Schatten" nicht loswerden, indem wir sie bequem auslagern (etwa in Bildschirm-Bildern). Das Gedicht sagt Nein zum „Grenzpfahlwahn" (Herrmann-Neiße): Die Fremden sind die Nächsten.   *Günter Ott*

HEINRICH HEINE

Die schlesischen Weber

Im düstern Auge keine Träne,
Sie sitzen am Webstuhl und fletschen die Zähne:
Altdeutschland, wir weben dein Leichentuch,
Wir weben hinein den dreifachen Fluch –
Wir weben, wir weben!

Ein Fluch dem Gotte, zu dem wir gebeten
In Winterskälte und Hungersnöten;
Wir haben vergebens gehofft und geharrt,
Er hat uns geäfft und gefoppt und genarrt –
Wir weben, wir weben!

Ein Fluch dem König, dem König der Reichen,
Den unser Elend nicht konnte erweichen,
Der den letzten Groschen von uns erpreßt
Und uns wie Hunde erschießen läßt –
Wir weben, wir weben!

Ein Fluch dem falschen Vaterlande,
Wo nur gedeihen Schmach und Schande,
Wo jede Blume früh geknickt,
Wo Fäulnis und Moder den Wurm erquickt –
Wir weben, wir weben!

Das Schiffchen fliegt, der Webstuhl kracht,
Wir weben emsig Tag und Nacht –
Altdeutschland, wir weben dein Leichentuch,
Wir weben hinein den dreifachen Fluch,
Wir weben, wir weben!

Die Marseillaise der deutschen Arbeiter

Als literarischer Niederschlag des schlesischen Weberaufstands vom Juni 1844 gilt gemeinhin Gerhart Hauptmanns Drama „Die Weber", geschrieben 1892. Doch schon ein knappes halbes Jahrhundert zuvor, unmittelbar unter dem Eindruck der Revolte, erschien ein Text, der seinerzeit nicht weniger als später Hauptmanns Theaterstück Furore machte: Heinrich Heines Gedicht über die schlesischen Weber. Wenige Wochen nach Beginn des – blutig niedergeschlagenen – Aufstands erschien die Urfassung unter dem Titel „Die armen Weber" in Paris, wo Heine lebte.

In Deutschland, das den Dichter mit Publikationsverbot belegt hatte, wurde dieser vierstrophigen Version große Verbreitung durch Flugblätter zuteil – zum Jubel der Sozialisten, zum Grimm der Obrigkeit, die mit Repressalien gegen den öffentlichen Vortrag reagierte. Wohl schon 1845 überarbeitete Heine das Gedicht, und seit der Neuveröffentlichung 1847 trägt es den Titel „Die schlesischen Weber". Im Wesentlichen hat Heine hierfür die vierte Strophe der Urfassung umgestaltet und das Gedicht noch um eine fünfte Strophe erweitert.

Der Aufstand war zweifellos der Anlass für die „Weber", so hat der Dichter doch von einer Schilderung der Ereignisse abgesehen. Ganz offensichtlich ging es ihm nicht um die Schilderung einer exakt lokalisierbaren Situation, sondern um die exemp-larische Anklage sozialer Missstände – die schlesischen Weber sind Heine ein Beispiel für den allgemeinen Jammerzustand des Proletariats wie für die schamlose Gleichgültigkeit der Herrschenden.

Die ersten zwei Verse eröffnen das Gedicht mit dem Blick von außen auf das erbärmliche Leben der Weber – dann erfolgt eine durchgängig chorische Deklamation aus der Perspektive der Weber, gipfelnd jeweils am Strophenende in dem Refrain „Wir weben, wir weben". Gewebt, hineingewebt ins „Leichentuch" des als rückständig empfundenen „Altdeutschland" wird ein dreifacher Fluch, der – darauf hat schon Friedrich Engels hingewiesen – die preußische Losung „Mit Gott für König und Vaterland" aufgreift. Nur dass alle drei bei Heine als falsche Hoffnungsträger entlarvt werden und sie somit Adressaten der Verfluchung durch die Weber werden. Kein Wunder, dass Rezitatoren des Gedichts einst wegen Gotteslästerung und Majestätsbeleidigung verfolgt wurden.

Der stoische Refrain, die Wiederholung der Verse drei und vier in der Schlussstrophe, die flackernde Formulierung „der Webstuhl kracht", sie unterlegen das Gedicht mit einem drohenden Ton, in dem deutlich der Wille zum Aufstand schwingt. Tatsächlich titulierte schon ein Zeitgenosse Heines das „Weber"-Gedicht als die „Marseillaise der deutschen Arbeiter".

Stefan Dosch

FRIEDRICH HEBBEL

Welt und Ich

Im großen ungeheuren Ozeane
Willst du, der Tropfe, dich in dich verschließen?
So wirst du nie zur Perl' zusammenschießen,
Wie dich auch Fluten schütteln und Orkane!

Nein! öffne deine innersten Organe
Und mische dich im Leiden und Genießen
Mit allen Strömen, die vorüberfließen;
Dann dienst du dir und dienst dem höchsten Plane.

Und fürchte nicht, so in die Welt versunken,
Dich selbst und dein Ur-Eig'nes zu verlieren:
Der Weg zu dir führt eben durch das Ganze!

Erst, wenn du kühn von jedem Wein getrunken,
Wirst du die Kraft im tiefsten Innern spüren,
Die jedem Sturm zu stehn vermag im Tanze!

Ungeheure Ozeane

Der Gedichttitel ist ein Paukenschlag: „Welt und Ich". Es geht offenbar ums Ganze. Geht auch der Dichter aufs Ganze?

Friedrich Hebbel (1813 bis 1863) setzt gern die Spannung ins Werk, das „bedenkliche Verhältnis" des Einzelnen zur (staatlichen, sittlichen) Ordnung, den Konflikt zwischen Chaos und „Societät". Daraus schlagen Dramen wie „Maria Magdalene" oder „Agnes Bernauer" tragische Funken. „Zwei Pole sind's, die hin und wieder stoßen, / Und gleich dem Pendel, dessen ew'ges Schweben / Nie ruht im Schwerpunkt, schwankt und schweift das Leben"; so formuliert ein Gedicht Hebbels „Das höchste Gesetz".

„Welt und Ich", geschrieben 1849, ist eine Selbstansprache mit deutlich imperativischem Charakter: öffne, mische, fürchte nicht. Das Gedicht imaginiert einen Ich-Zustand, der erst noch errungen werden muss. Die Pole sind im Titel genannt: Welt und Ich oder, mit den Anfangszeilen zu sprechen: Ocean und Tropfen. Es geht mithin um eine Öffnung des in sich geschlossenen Ich, um den Gewinn eines weiten, ozeanischen Gefühls, kurz: um einen Reifeprozess, symbolisiert im Bild der „Perle".

Hebbels Gedichtbeginn erinnert an Klopstocks berühmte „Frühlingsfeyer" (1771). Diese hebt emphatisch an: „Nicht in den Ocean / Der Welten alle / Will ich mich stürzen! ..." und mündet alsbald in die drei Zeilen „Nur um den Tropfen am Eimer, / Um die Erde nur, will ich schweben, / Und anbeten!" Hebbel übernimmt also den Gegensatz des Größten (Ocean) und des Kleinsten (Tropfen), auch wenn ihm natürlich Klopstocks hymnisches Schöpfungs- und Gotteslob fremd bleibt.

Klopstock dichtete frei. Hebbel schreibt ein Sonett, durchgängig gereimt, mit elfsilbigen Zeilen und unbetontem Ausgang. Der Dichter wahrt die Form. Das Ich geht, indem es sich „mit allen Strömen" mischt, gerade nicht seiner Grenzen, seiner Individualität verlustig, sondern es wird in ein größeres Ganzes („höchsten Plane") integriert. Zwar ist (in der dritten Strophe) die Angst da, zu versinken und sich zu verlieren, aber die Verse fangen diese (dunkle, abgründige) Drift auf und legen sie in der Versöhnung von „Welt" und „Ur-Eig'nem" still. Man kann also sagen: Der Dichter geht gerade nicht aufs Ganze, sein Weg der Selbstfindung endet in der Gewissheit, vom Weltensinn umfangen zu werden.

Aufs Ganze gehen spätere Dichter, die vor dem Ich-Verlust nicht zurückschrecken, die sich in den (dionysischen) Rausch von Wein und Nacht und Kokain stürzen, Dichter wie Trakl und Benn. Vor dieser modernen Entäußerung schreckt Hebbel zurück: „Leben ist Verharren im Angemessenen." *Günter Ott*

ARNO HOLZ

Im Tiergarten

Im Tiergarten, auf einer Bank, sitz ich und rauche;
und freue mich über die schöne Vormittagssonne.

Vor mir, glitzernd, der Kanal:
den Himmel spiegelnd, beide Ufer leise schaukelnd.

Über die Brücke, langsam Schritt, reitet ein Leutnant.

Unter ihm,
zwischen den dunklen, schwimmenden Kastanienkronen,
pfropfenzieherartig ins Wasser gedreht,
– den Kragen siegellackrot –
sein Spiegelbild.

Ein Kuckuck
ruft.

Der Leutnant im Kastanienbaum

Die Aufbruchsstimmung, welche die Künste in den Jahren um 1900 erfasste, machte auch vor der Lyrik nicht halt, und zu den Dichtern, die neue Wege beschritten, gehört auch Arno Holz (1863 bis 1929). Kurz vor der Jahrhundertwende veröffentlichte er den „Phantasus", eine Gedichtsammlung, die als poetischer Niederschlag jener theoretischen Ziele gelten darf, die Holz zur gleichen Zeit in seiner Schrift mit dem bezeichnenden Titel „Revolution der Lyrik" formulierte.

Tatsächlich fällt schon beim ersten Leseblick auf das „Phantasus"-Gedicht „Im Tiergarten" die neuartige formale Gestaltung ins Auge. Einen Reim gibt es hier ebenso wenig wie ein Metrum, und statt in strophischer Reihung sind die Zeilen um eine Mittelachse angeordnet. Die Sprache wiederum schlägt einen Ton an, der sich von der Klangverliebtheit der symbolistischen Lyrik jener Tage erheblich unterscheidet. Die Sätze unterscheiden sich kaum vom Duktus der gesprochenen Rede, auch wenn der Rhythmus – hier spürt man die gestaltende Hand des Dichters – stets elastisch bleibt. Die Begrifflichkeit meidet Metaphern, geschildert wird im Wesentlichen real Wahrgenommenes, und selbst die wenigen Bildvergleiche („pfropfenzieherartig") gehen von konkret Dinghaftem aus.

Auf der inhaltlichen Ebene beschreibt sich ein nicht weiter benanntes Ich während eines Mußemoments („…sitze ich und rauche") im Berliner Tiergarten, der weitläufigen innerstädtischen Parkanlage. Die Natur tritt diesem Ich in nahezu statischen Eindrücken gegenüber, sprachlich hervorgehoben durch eine Folge von Partizipien („glitzernd…spiegelnd…schaukelnd"). Schon hier, im zweiten Abschnitt, wird das Geschaute im Spiegel wahrgenommen, was sich, nachdem der Leutnant in die reale Szene eingezogen ist, noch einmal wiederholt. In virtuoser Steigerung: Denn Abschnitt vier bringt nicht nur das „Spiegelbild" des Offiziers in der Reduktion auf einen Farbklecks, sondern lässt das „siegellackrote" Uniformdetail inmitten von „schwimmenden", also gespiegelten Kastanienbäumen aufleuchten. In diese komplexe visuelle Szene schneidet ein akustischer Eindruck, vehement gerade auch durch seine Kürze: „Ein Kuckuck/ruft." Durch den Vogel zieht ein wenig Parodie in das Gedicht ein, gilt der Vogel doch als symbolischer Liebesbote – was auf den im Park nach erotischen Abenteuern spechtenden Leutnant zielen könnte, der eh schon durch die militärsprachliche Fügung „langsam Schritt" mit leicht belustigtem Unterton eingeführt wurde.

Holz hat die zwölfzeilige Version seines „Tiergarten"-Gedichts später beträchtlich erweitert. Die sensitive Leichtigkeit der Erstfassung hat er aber nicht wieder erreicht. *Stefan Dosch*

JAKOB MICHAEL REINHOLD LENZ

Der Wasserzoll

Denkmal der Freundschaft

Ihr stummen Bäume, meine Zeugen,
Ach käm' er ungefähr
Hier wo wir saßen wieder her:
Könnt' ihr von meinen Tränen schweigen?

Tränen eines Freundes

Der kleine Vierzeiler, den der Sturm-und-Drang-Dramatiker Jakob Michael Reinhold Lenz (1751 bis 1792) wohl im Sommer 1775 aufgeschrieben hat, ist leicht zu übersehen – und doch handelt es sich um das anrührende Dokument einer Leidensgeschichte. Lenz war 1771 in Straßburg mit Goethe bekannt geworden, dem er eine überschwängliche Freundschaft widmete – ihre Gegenseitigkeit blieb heikel. Denn Lenz umschwärmte nicht nur die von Goethe verlassene Friederike in Sesenheim, er verehrte auch dessen unglückliche Schwester Cornelia, und später noch muss es eine heikle Situation mit Frau von Stein in Weimar gegeben haben. Goethe entschied sich dann endgültig zum Bruch. Das im Wasserzoll bekundete „Denkmal der Freundschaft" hatte nicht gefruchtet.

Lenz rief mit diesen Versen einen beliebten Wirtshausgarten an der Ill in Erinnerung, etwas außerhalb von Straßburg gelegen. Im Mai und im Juli 1775 kam es dort zu einem längeren Wiedersehen mit Goethe. Der Vierzeiler im schlichten umarmenden Reim umfasst nicht mehr als eine rhetorische Frage: Das lyrische Ich ruft die an sich stummen Zeugen an, dass sie – im Fall der Wieder- oder Rückkehr des Freundes – von seinen Tränen nicht würden schweigen können. Gerade angesichts der Spannung zwischen den beredten Tränen und den stummen Zeugen wird deutlich: Hier liegt ein Abschieds-, vor allem aber ein gefühlsgeladenes Freundschafts-, vielleicht sogar eine Art Liebesgedicht vor.

Und der kleine Text stellt eine ganze Reihe von Fragen: Was ist das „Denkmal" dieser Freundschaft? Ist es der Ort des Wasserzolls? Sind es die Tränen des lyrischen Ich? Ist es das Gedicht selbst, das als Denkmal errichtet wird? Und sind die Tränen der Anhänglichkeit selbst als eine Art „Wasserzoll" zu verstehen? Mehrere Textstellen im Werk von Lenz würden das sogar bestätigen. Die lebendige Träne wird zu einem Denkmal, denn nicht dem Freund selbst kann das lyrische Ich sagen, was er ihm bedeutet. Die Natur müsste geradezu ihre Stummheit überwinden, so wenig wie das kleine Gedicht selbst von der Melancholie und Enttäuschung seines Sprechers schweigen kann.

In der Handschrift von Lenz war das Gedicht am Ende mit der Zeile „L. an G." gleichsam unterschrieben worden. In dieser Fassung ist es im August 1775 erstmals gedruckt worden. Als aber Goethe, nach dem Bruch mit Lenz, diese Gedichthandschrift in die Hand bekam und einige Lenz-Texte für einen Wiederabdruck redigierte, strich er die Zeile, die eine genauere autobiografische Rekonstruktion erlaubt hätte. Die Weimarer Leser sollten nicht mehr erfahren, dass es sich hier um ein sehr persönliches Zeugnis einer gescheiterten Freundschaft handelte.

Mathias Mayer

INGEBORG BACHMANN

Die gestundete Zeit

Es kommen härtere Tage.
Die auf Widerruf gestundete Zeit
wird sichtbar am Horizont.
Bald mußt du den Schuh schnüren
und die Hunde zurückjagen in die Marschhöfe.
Denn die Eingeweide der Fische
sind kalt geworden im Wind.
Ärmlich brennt das Licht der Lupinen.
Dein Blick spurt im Nebel:
die auf Widerruf gestundete Zeit
wird sichtbar am Horizont.

Drüben versinkt dir die Geliebte im Sand,
er steigt um ihr wehendes Haar,
er fällt ihr ins Wort,
er befiehlt ihr zu schweigen,
er findet sie sterblich
und willig dem Abschied
nach jeder Umarmung.
Sieh dich nicht um.
Schnür deinen Schuh.
Jag die Hunde zurück.
Wirf die Fische ins Meer.
Lösch die Lupinen!

Es kommen härtere Tage.

Schnür die Schuhe!

„Ein schönes Mädchen, flirrend in der Bescheidenheit dessen, der noch nicht sehr lange schreibt…", so schrieb Wolfgang Weyrauch über Ingeborg Bachmann und ihren Auftritt vor der Gruppe 47. Die Kärntnerin aus Klagenfurt hatte Gedichte aus ihrem Debütband „Die gestundete Zeit" gelesen und dafür 1953 den angesehenen Preis (2000 DM) der Gruppe erhalten.

Bachmanns Ton kam damals an, ihre Erscheinung tat ein Übriges. Und doch lief in der Folge das Verständnis ihrer Verse weit auseinander – zwischen der Sprachmagie und Weltentrücktheit hie und der kritischen Zeitgenossenschaft da. Dass beides schwerlich zu trennen ist, zeigt das Titelgedicht ihrer ersten Buchveröffentlichung.

„Die gestundete Zeit" meint eine befristete, (vom Tod) geborgte Zeit, gleichsam einen Wechsel, dessen Einlösung jeden Augenblick fällig werden kann. Das Gedicht fordert mit Nachdruck – insbesondere durch das Stilmittel der zuspitzenden Wiederholung – dazu auf, es sich nicht bequem zu machen, sondern Vorsorge zu treffen und zum Aufbruch zu rüsten: „Es kommen härtere Tage". Diese mit biblisch apokalyptischer Stimme gesprochene Prophetie läuft dem vergangenheitsvergessenen Wohlstandsstreben der 1950er Jahre zuwider. In den „Marschhöfen" hallt der Kriegsschritt nach. Von der „kalten neuen Zeit", von der „Nachgeburt der Schrecken", von der durch Deutschland „geschwärzten" Geschichte ist andernorts bei Bachmann die Rede. Unser Gedicht sammelt Bilder der Erstarrung, der Kälte, des verlöschenden Lichts, der Suche nach Orientierung und, in der großartigen zweiten Strophe, des Abschieds von der Geliebten.

Vieles klingt an, der alltägliche Ausdruck („den Schuh schnüren") und mythische Verweise: auf die in alten Zeiten übliche Weissagung aus Tiereingeweiden, auch auf Orpheus („sieh dich nicht um"). Das christliche Wahrheitssymbol des Fisches wird buchstäblich entsorgt. Die Forderung, die Hunde zurückzujagen, antwortet auf Paul Celans berühmte „Todesfuge" („er hetzt seine Rüden auf uns").

Mit Celan hat Ingeborg Bachmann erstmals 1952 in Niendorf/Ostsee vor der Gruppe 47 gelesen. Mit ihm verband sie eine äußerst angespannte Liebesbeziehung. Ihm widmete sie ein Exemplar ihres Bandes „Die gestundete Zeit".

Bachmann (1926 bis 1973) hat die Literatur verstanden als „nach vorn geöffnetes Reich von unbekannten Grenzen". „Lösch die Lupinen!" verabschiedet die in den 50er Jahren beliebte Naturmagie. In den Untergangs- und Aufbruchzeilen ihrer „Zeit"-Verse verpflichtet sich nicht zuletzt die Dichterin selbst, in der Kunst neue Wege zu „spuren".

Günter Ott

THEODOR STORM

Meeresstrand

Ans Haff nun fliegt die Möwe,
Und Dämmerung bricht herein;
Über die feuchten Watten
Spiegelt der Abendschein.

Graues Geflügel huschet
Neben dem Wasser her;
Wie Träume liegen die Inseln
Im Nebel auf dem Meer.

Ich höre des gärenden Schlammes
Geheimnisvollen Ton,
Einsames Vogelrufen –
So war es immer schon.

Noch einmal schauert leise
Und schweiget dann der Wind;
Vernehmlich werden die Stimmen,
Die über der Tiefe sind.

Stimmen aus der Tiefe

In vielen Gedichten des aus Husum in Schleswig-Holstein stammenden Theodor Storm (1817 bis 1888) ist die Nordseeküste der Ort des lyrischen Geschehens. Das gilt auch für „Meeresstrand". Wer den Norden nicht kennt, wird mit der ein oder anderen Vokabel vielleicht etwas Mühe haben. „Für binnenländische Leser" gab Storm in der Buchausgabe seiner berühmten Novelle „Der Schimmelreiter" selbst die Erklärung für „Haff": „Das Meer". Und in einem an den schwäbischen Dichterkollegen Mörike adressierten Brief schrieb er: „Watten nennt man das schlammige Vorland, das von der Flut bedeckt und von der Ebbe bloß gelegt wird."

Die beiden Begriffe sind nicht unbedeutend für das Gedicht, handelt es sich doch zunächst um die eindrückliche Schilderung der Landschaft zwischen Festland und Meer bei Ebbe und hereinbrechender Dämmerung. In den beiden ersten Strophen sind ausschließlich visuelle Eindrücke eingefangen: der Flug der Möwe, Spiegelungen des Abendlichts, verschwommen registrierte Inseln. Das ändert sich in der zweiten Hälfte – nun verlegt sich die Beobachtung auf akustische Phänomene, auf das Gären des Schlamms, den Vogelruf, den Wind. Mit diesen genau gesetzten Sinneseindrücken hat Storm die fortschreitende Dunkelheit des Abends aus der Perspektive eines „Ichs" (Vers 9) mit vollzogen. Zunächst ist noch ausreichend Licht

vorhanden; doch schon in Strophe zwei wird das Erfassen diffus („graues Geflügel", „wie Träume... im Nebel"). Ist nichts mehr zu sehen, verlegt sich die Wahrnehmung aufs Hören, für das die Nacht kein Hindernis darstellt. Doch so genau die Beobachtungen sind, können sie doch nicht darüber hinwegtäuschen, dass die Natur sich letztlich verhüllt und der Mensch ihr in Distanz und Einsamkeit gegenübersteht. Eine Zwiesprache mit der Natur, wie sie noch die Dichtergeneration vor Storm formulierte, ist nicht mehr möglich.

Fremd steht der Mensch auch der letzten angeführten Wahrnehmung gegenüber – den „Stimmen,/Die über der Tiefe sind". Dringen diese Stimmen noch von außen heran oder stammen sie aus dem Innern des Ichs? Das bleibt unklar, ebenso, was die Stimmen eigentlich mitzuteilen haben. Religiöses mag hier mitschwingen, wie denn das ganze Gedicht an die Tradition des christlichen Abendlieds erinnert. Dort landete der Mensch bei Einbruch der Dunkelheit im sicheren Hafen des Glaubens an. Anders das Ich bei Storm. Existenzielle Sicherheit ist hier der Ungewissheit gewichen in Anbetracht nebulöser Stimmen aus einem nicht zu fassenden Ort („Tiefe"). Der Lyriker Storm, den die Kritik seit jeher gerne in die sentimentale Ecke stellt, formuliert hier ein tief modernes Empfinden.
Stefan Dosch

GOTTFRIED AUGUST BÜRGER

Die Schatzgräber

Ein Winzer, der am Tode lag,
rief seine Kinder an und sprach:
„In unserm Weinberg liegt ein Schatz,
grabt nur danach!" – „An welchem Platz?"
schrie alles laut den Vater an. –
„Grabt nur!" – O weh! Da starb der Mann.

Kaum war der Alte beigeschafft,
so grub man nach aus Leibeskraft.
Mit Hacke, Karst und Spaten ward
der Weinberg um und um gescharrt.
Da war kein Kloß, der ruhig blieb;

man warf die Erde gar durchs Sieb
und zog die Harken kreuz und quer
nach jedem Steinchen hin und her.
Allein, da ward kein Schatz verspürt,
und jeder hielt sich angeführt.

Doch kaum erschien das nächste Jahr,
so nahm man mit Erstaunen wahr,
daß jede Rebe dreifach trug.
Da wurden erst die Söhne klug
und gruben nun jahrein, jahraus
des Schatzes immer mehr heraus.

Die natürliche Macht der Langsamkeit

Das Interesse an der Ballade als einer Urform volksnaher Dichtung kam in Deutschland um 1770 auf. Die Autoren des Sturm und Drang, wie Herder und Goethe, aber auch Gottfried August Bürger (1747 bis 1794) experimentierten mit dieser Möglichkeit, erzählerische, lyrische und dramatische Momente miteinander zu verbinden. „Die Schatzgräber" ließ Bürger 1787 im Göttinger Musenalmanach drucken.

Der überschaubar in drei Teile gegliederte Text, vierhebige Jamben mit männlicher Kadenz im Paarreim, stellt Erwartung und Enttäuschung angesichts eines unbekannten Schatzes ins Zentrum. Die erste Strophe begründet die Spannung: Erst im Moment seines Todes, wenn also die letzten Worte besonderes Gewicht haben, spricht der Winzer zu seinen Kindern von einem Vermächtnis, das sie durch ihren Einsatz erlangen können.

Die mittlere Strophe zeigt die aus ironischer Distanz beschriebene Aktivität der Jungen: Mit geradezu respektlos kurz erscheinender Pause nach dem Tod des „Alten" fängt man an, den ganzen Weinberg umzugraben. In unermüdlicher Gier wird jede Spur verfolgt und nichts ausgelassen. Doch vergeblich – am Ende fühlen sich alle vom Vater „angeführt". Erst die Schlussstrophe legt die Dinge klar; sie ist durch den Abstand eines Jahres gleichsam gereift. Erst der Verzicht auf Raffgier

und die Unterordnung unter das natürliche Wachstum lässt die Erkenntnis wie den ökonomischen Gewinn reifen.

Es geht nicht um einen materiellen Schatz, der ein für alle Mal aus einem Versteck ans Licht zu holen wäre, sondern um die langsame, entschleunigte Wahrnehmung, dass der Weinberg in einem natürlichen Prozess seinen Ertrag verdreifacht – mit dem nicht ganz befriedigenden Ergebnis, dass die letzten Worte des Vaters mitverantwortlich waren für eine Fehldeutung. Denn am Ende stellt sich ja die etwas schlichte Erkenntnis heraus, dass der Schatz alles andere als unbekannt gewesen ist. „Daß jede Rebe dreifach trug" (Vers 19) ist für die Kinder eines Winzers so sehr überraschend eigentlich nicht.

Aber es wird deutlich, dass Bürger hier, vielleicht nicht ganz überzeugend, zwei Arten der Ökonomie einander gegenüberstellen möchte, die Gier und die Geduld, erhoffte Beute und Ertrag – wobei die Ballade selbst sich als Vermittlung ungleicher Ökonomien inszeniert: Die landwirtschaftliche Variante erweist sich gegenüber der kapitalistischen Variante als verlässlicher. Dass am Ende der Ertrag „mit Erstaunen" wahrgenommen wird (Vers 18), rückt die Ballade in die Nähe eines Erkenntnisvorgangs, der auch den Leser eines vorkapitalistischen Zeitalters über die natürliche Macht der Langsamkeit ansprechen sollte. *Mathias Mayer*

FRIEDRICH HÖLDERLIN

Der Spaziergang

Ihr Wälder schön an der Seite,
Am grünen Abhang gemalt,
Wo ich umher mich leite,
Durch süße Ruhe bezahlt
Für jeden Stachel im Herzen,
Wenn dunkel mir ist der Sinn,
Den Kunst und Sinnen hat Schmerzen
Gekostet von Anbeginn.
Ihr lieblichen Bilder im Tale,
Zum Beispiel Gärten und Baum,
Und dann der Steg der schmale,
Der Bach zu sehen kaum,

Wie schön aus heiterer Ferne
Glänzt einem das herrliche Bild
Der Landschaft, die ich gerne
Besuch' in Witterung mild.
Die Gottheit freundlich geleitet
Uns erstlich mit Blau,
Hernach mit Wolken bereitet,
Gebildet wölbig und grau,
Mit sengenden Blitzen und Rollen
Des Donners, mit Reiz des Gefilds,
Mit Schönheit, die gequollen
Vom Quell ursprünglichen Bilds.

Der Blick aus dem Turm

Man darf sich wundern – und muss nicht gleich den Daumen senken: Auch das ist ein Gedicht von Friedrich Hölderlin (1770 bis 1843). Freilich keines, das als Ode am altgriechischen Sänger Alkaios Maß nimmt; keines, das den Dichter als hochfliegenden Mittler zwischen der Götter- und der Menschenwelt aufruft; auch keines, das den artifiziellen Vers durch den gewaltigen Bogenschlag von Antike, Christentum und 19. Jahrhundert adelt. Es ist, als hätte sich Hölderlin dem Ratschlag Goethes und Schillers von 1797 gebeugt, er möge als Heilmittel gegen seine spekulativ befeuerten Neigungen zu idyllischen Themen und einfachen Formen greifen.

Aller Überschwang, der in früheren „Gesängen" die Sprache aus der gewohnten Bahn riss, scheint in diesem „Spaziergang" dahin. Die „Ihr"-Ansprache ist nur noch blasser Reflex vormaliger hymnischer Entrückungen. Die Beseelung ist der Distanz gewichen. Schon der Auftakt setzt die Wälder an die Seite. Sie erscheinen zudem gemalt. Die lebendig-sinnliche Anschauung gerinnt zum „Bild". (Dieses Wort kehrt dreimal wieder.) Die Sprache neigt zur Formel: „Wälder schön", „grüner Abhang", „süße Ruhe", „liebliche Bilder", „heitere Ferne", „zum Beispiel Garten und Baum"… Der Blick aus der Ferne ersetzt den Weg in die Natur; der Spaziergang gleicht einer Kopfgeburt. „Wo ich umher mich leite": In der zirkulären Struktur dieses zentralen Verses wird das lyrische Ich auf sich selbst, auf seine Reflexivität verwiesen.

Das Gedicht ist um 1810 entstanden, vielleicht auch erst in den 1820er Jahren. Hölderlin hatte 1806 einen psychischen Zusammenbruch erlitten. Er war nach monatelangem Klinikaufenthalt (und striktem Schreibverbot) in den Tübinger Stadtturm verbracht worden und lebte dahin – behütet und entmündigt. Von 1810 an schreibt Hölderlin fast nur noch gereimte Gedichte. Viele sind verloren. Viele zeichnen einen Zustand der Ruhe und Ausgeglichenheit.

„Der Spaziergang" mag etwas Abgeklärt-Moderiertes haben. Und doch berührt dieses Gedicht. Weil es eine metrische Unruhe (Jambus und Anapäst) durchläuft; weil es ein (in Teilen mehrdeutiges) Sprach-Bild malt, das schwarze Züge trägt – das Dunkel einer in seinen eigenen Sinnen gefesselten, ruhelos gehaltenen Dichterexistenz. Der Stachel des Selbstzweifels sitzt tief, ob des eigenen Ungenügens, den dichterischen Blick durch die Schattenwelt hindurch auf jene „ursprünglichen" Bilder und Ideen zu richten, von denen am Ende des „Spaziergangs" die Rede ist (mit Verweis auf Platons Philosophie).

Vielleicht hat der späte Hölderlin im Gedicht zeitweise jene „stillere Ruhestätte" gefunden, „wo alles, was mich angeht, mich weniger nah, und eben deswegen weniger erschütternd bewegt". *Günter Ott*

WILHELM BUSCH

Sahst du das wunderbare Bild von Brouwer?

Sahst du das wunderbare Bild von Brouwer?
Es zieht dich an wie ein Magnet.
Du lächelst wohl, derweil ein Schreckensschauer
Durch deine Wirbelsäule geht.

Ein kühler Doktor öffnet einem Manne
Die Schwäre hinten im Genick;
Daneben steht ein Weib mit einer Kanne,
Vertieft in dieses Mißgeschick.

Ja, alter Freund, wir haben unsre Schwäre
Meist hinten. Und voll Seelenruh
Drückt sie ein andrer auf. Es rinnt die Zähre,
Und fremde Leute sehen zu.

Der kühle Doktor Busch

„Zur Schenke lenkt mit Wohlbehagen / Er jeden Abend seinen Schritt..." Wilhelm Busch (1832 bis 1908) kannte die Laster seiner Zeitgenossen. Ins Wirtshaus gehen sie gern, in die Kirche nie...

Auch der Malstudent Busch begeisterte sich weniger an der Kirchen- als an der Wirtshauskunst. So ließ er 1852 im Museum von Antwerpen die Madonnen und Magdalenen links liegen und begab sich lieber zu den Säufern und Rauchern, den Spielern und Schlägern. Vor allem einer stach ihm ins Auge, Adriaen Brouwer (1605/06 bis 1638). Dieser Maler ergeht sich lustvoll im niederen Genre der Spelunken. Er sammelt das Triebleben ein und rückt Affekte wie Wut und Schmerz in die bedrängende Nahsicht.

Solche Drastik kam Busch entgegen. In Bild und Sprachwitz wird er sich alsbald die allgemeine Erbärmlichkeit vorknöpfen. Schopenhauer reichte ihm das philosophische Rüstzeug, das Wissen um den blinden Willen und die von Verstandeskräften unbehelligte Triebnatur des Menschen.

Das hier abgedruckte (titellose) Gedicht gibt Adriaen Brouwers „Operation am Rücken" in klaren Strichen wieder. (Busch hatte das Original im Frankfurter Städel gesehen.) Fährt der Niederländer den Schmerzregler des Patienten eher hoch, so macht sich Busch, gleich dem „kühlen Doktor", ans Werk. Er verrichtet in meist jambischen, über Kreuz gereimten, abwechselnd unbetont und betont endenden Vierergruppen die eingängige Dichter-Arbeit, ohne den beispielhaften Eingriff moralisch zu überzeichnen. Die Brouwer-Hommage erschien 1874 im Gedichtband „Kritik des Herzens". Der Titel schwört allen romantischen Selbsttäuschungen ab. Das Büchlein, so Busch, solle „ein Zeugnis meines und unseres bösen Herzens ablegen".

„Sahst du" – „sehen zu": Das solcherart geklammerte Gedicht lebt aus der Spanne zwischen der Hellsicht hie und dem blinden Fleck der Erkenntnis da. Die Schwäre (= das Geschwür) im Genick ist motivgeschichtlich eine Chiffre der Narrheit. Was hinten sitzt, sieht man nicht. Will sagen: Der Mensch lässt seine närrische Kehrseite außer Acht. Umso mehr bedarf er des Dichter-Chirurgen Busch, um seiner Laster gewahr zu werden. „Und fremde Leute sehen zu": Hier deutet sich – neben der Schadenfreude – ein tieferer Gedanke an: Wer „nur" zuschaut, kann unversehens zum Handlanger werden.

Busch, gefragt, was wohl am schwersten zu erlangen sei, antwortete: „Dass man sich selbst hinter die Schliche kommt." Das suchte dieser Dichter zu befördern. Sicher nicht zufällig hatte Sigmund Freud im Wartezimmer seiner Praxis in der Wiener Berggasse 19 eine Auswahl von Buschs Werken stehen.
Günter Ott

FRIEDERIKE MAYRÖCKER

unter Bäumen Tränenmorgen

unter Bäumen saszen wir und Waldes Brausen unter
Bäumen sprachen zu einander schwiegen blickten
in den Wald der schon die Blätter warf und fegte
Lindenblütenblätter auf den Wegen unter Bäumen saszen
wir und schwiegen unter Bäumen ich allein und
schweigend ohne dich unter Bäumen du allein und
schweigend ohne mich.

für Ernst Jandl

Der Abschied und die Kraft der Sprache

Als Friederike Mayröcker im November 2004 zu einer Lesung nach Augsburg gekommen war, stand sie kurz vor ihrem 80. Geburtstag. Zuvor war ein achthundertseitiger Band mit ihren „Gesammelten Gedichten" aus 64 Lebensjahren erschienen, in dem „unter Bäumen Tränenmorgen" an letzter Stelle steht. Es ist dem langjährigen Lebensgefährten Ernst Jandl gewidmet, der am 9. Juni 2000 verstorben war. Und Friederike Mayröcker trug auch dieses Gedicht in Augsburg vor. Es ist auf den 13. August 2003 datiert.

Inzwischen sind fast elf Jahre vergangen, die Autorin ist ungebrochen kreativ. Weitere Bände aus ihrer Hand sind erschienen, und jeder ihrer Texte – ob Lyrik oder Prosa – trägt ihre eigene, ganz unverwechselbare Handschrift.

1956 erschien ihr erstes Buch, dessen Titel „Larifari" auf originelle, provozierende und zugleich spielerisch-humorvolle Weise zu verstehen gibt: Hier wird nicht einfach erzählt, kein „Erlebnis" illustriert, sondern hier werden alle Schleusen der Sprache und der Fantasie, des Traumes und der Lektüre geöffnet. Sämtliche Klassifizierungsversuche, von der konkreten Poesie über den Surrealismus bis zur Postmoderne, tragen nur einen Teil zur Beschreibung bei, die immer neu unternommen werden will. Auch „unter Bäumen Tränenmorgen" ist ein Beleg für Friederike Mayröckers so

kraftvolle wie selbstständige Lyrikkunst – bis hin zur eigenwilligen Schreibweise von „sz" statt „ss" oder „ß". Alles ein Experimentieren in Rhythmen, in Wiederholungen und Verschiebungen, ein Experimentieren, das „in langsamen Blitzen", wie die Autorin sagt, Liebe und Erinnerung, Sprechen und Schweigen evoziert.

Mit sparsamen, aber suggestiv und radikal eingesetzten Mitteln wird eine Naturszenerie beschworen. Das Leitmotiv „unter Bäumen" wird in sieben Versen fünfmal genannt, durch deren Einheit gerade die Veränderung der menschlichen Erfahrung herausgestellt wird. Aus der Gemeinsamkeit ist durch den Abschied eine elegische Reminiszenz geworden, eine poetische Vergegenwärtigung, die schon in sich selbst auf eine höchst berührende Weise Nähe und Ferne umfasst: Der Wald warf „schon die Blätter" und fegte „Lindenblütenblätter auf den Wegen".

„Die Abschiede", analog zu Beethovens Klaviersonate „Les Adieux", ist übrigens der Titel eines Mayröcker-Prosabandes von 1980. Vielleicht gibt es keinen unter den Autoren dieser Zeit, der mit solchem Gehör, mit diesem Gespür und dieser Kraft die Abwesenheit, den Verlust, den Tod in das Wort hineinholen und zu Leben erwecken kann wie Friederike Mayröcker, die noch 2014 ihren 90. Geburtstag begeht.

Mathias Mayer

LUDWIG CHRISTOPH HEINRICH HÖLTY

Ihr Freunde...

Ihr Freunde hänget, wann ich gestorben bin,
Die kleine Harfe hinter dem Altar auf,
Wo an der Wand die Totenkränze
Manches verstorbenen Mädchens schimmern.

Der Küster zeigt dann freundlich dem Reisenden
Die kleine Harfe, rauscht mit dem roten Band,
Das, an der Harfe festgeschlungen,
Unter den goldenen Saiten flattert.

Was bleibt von einem Dichter?

Er gehört zu den viel zu jung verstorbenen Dichtern der deutschen Literatur: Ludwig Christoph Heinrich Hölty, 1748 in der Nähe von Hannover geboren, 1776, noch nicht einmal 28-jährig, an der Schwindsucht gestorben. Sein Werk stand bei Dichterkollegen noch lange hoch im Kurs – Lenau und Mörike etwa schrieben selbst Verse unter ausdrücklichem Verweis auf Hölty.

Der war 1772 Mitbegründer des Göttinger Hainbundes, eines Zusammenschlusses junger Literaturbegeisterter, zu deren bekanntesten Mitgliedern auch der Goethe-Freund Friedrich Leopold Stolberg gehörte sowie Johann Heinrich Voß, Übersetzer der Epen Homers ins Deutsche. Der lyrisch Begabteste des Hains jedoch war Hölty – „ein wahres Dichtergenie" nannte ihn der nicht dem Bund angehörende, aus kritischer Distanz urteilende Aphoristiker Lichtenberg.

Die Dichtung der Hainbündler war, dem Zeitgeschmack der Anakreontik folgend, der Natur und der Mythologie verbunden. Das galt auch für Hölty; doch traten bei ihm immer wieder auch melancholische Züge hervor, veranlasst wohl durch die von Kindesbeinen an schwache Gesundheit und die Ahnung eines frühen Todes. Das hier vorliegende Gedicht ist ein Beispiel dafür. Es handelt sich um eine Ode im Versmaß des griechischen Dichters Alkaios – ein Korsett, dem sich Hölty strikt fügt und doch die Sprache in delikatem Fluss belässt, dabei noch jede Strophe als einen einzigen Satz ausführt. Der Dichter spricht selbst und formuliert sein Anliegen: Er möchte „wann ich gestorben bin" in Erinnerung bleiben durch sein literarisches Werk, ausgedrückt im Symbol der Harfe, seit jeher Attribut des (Dichter-)Sängers. Doch auch wenn der Kirchendiener spätere Passanten auf die Harfe hinweisen wird: das Instrument bleibt doch stumm; nur die Saiten schimmern golden, nur ein angeknüpftes rotes Band „rauscht".

Die Niederschrift der Verse fand sich auf der Rückseite eines Ausleihscheins der Göttinger Bibliothek vom 9. November 1774. Fragment also? – eine These, die auch durch die merkwürdig unbestimmte Aussage der zweiten Strophe als nicht ganz abwegig erscheint? Voß, der Freund aus dem Hain, neigte wohl zu dieser Sicht und dichtete nach Höltys Tod noch eine dritte Strophe dazu, in welcher er die Harfe von Zeit zu Zeit tönen lässt, Ausdruck dafür, dass der Dichter und sein Werk weiterhin vernehmbar sind.

Aber vielleicht wollte Hölty es ganz bewusst mit den beiden Strophen bewenden lassen. Getragen von der Skepsis, dass der Dichterruhm nicht allzu beständig sein werde. Wie die kleine Harfe, die nicht mehr klingt. Und die doch, kleiner Hoffnungshaken, noch leuchtet.
Stefan Dosch

GEORG HEYM

Alle Landschaften

Alle Landschaften haben
Sich mit Blau erfüllt.
Alle Büsche und Bäume des Stromes,
Der weit in den Norden schwillt.

Leichte Geschwader, Wolken,
Weiße Segel dicht,
Die Gestade des Himmels dahinter
Zergehen in Wind und Licht.

Wenn die Abende sinken
Und wir schlafen ein,
Gehen die Träume, die schönen,
Mit leichten Füßen herein.

Zymbeln lassen sie klingen
In den Händen licht.
Manche flüstern, und halten
Kerzen vor ihr Gesicht.

Der blaue Lebensschatten

Wo bleibt der Schock, der Aufschrei der Sprache, das Grauen der Städte, das Herumirren der Verfluchten? Wo bleibt der Expressionismus? Wo Georg Heym, dieser „platzende Hinhauer unter den Dichtern dieser Tage", wie ihn sein Zeitgenosse Kurt Hiller bezeichnet hat?

Georg Heym kann auch anders. In allumfassender Gebärde lässt er das Blau ins Gedicht schießen, jene Königsfarbe, die Erde und Himmel vermählt, den Zauber der Ferne beschwört, ja die poetische Energie selber ist. Blau, weiß, weit, licht... Die Sprachmelodie macht das Gedicht leicht, hebt es von den a-Lauten in Zeile eins in die überwiegenden i-Höhen. Heym entwirft, was Gottfried Benn später als „Erfüllungsstunde" besingen wird.

Das Metrum der „Landschafts"-Verse verrät indes eine leise Spannung. Es ist zum einen streng trochäisch (betont/unbetont), wodurch jeweils die Zeile zwei der vier Strophen wie gemeißelt klingt. Ansonsten aber stößt der Dichter durch doppelte Senkungen einen eher fließenden Rhythmus an.

Der Widerläufigkeit im Metrum entspricht die latente Spannung im Inhalt. So leicht und hell und schön diese Strophen erscheinen, so zauberhaft sie Georg Heym im Rückgriff auf die Lyrik des 19. Jahrhunderts inszeniert und auf den hohen Ton der „Zymbeln" gestimmt hat, so fällt doch fast unmerklich ein Schatten auf sie.

Seltsam schon das kriegerische Wort „Geschwader" für jene Wolken, die Heym so gern ins Gedicht holte, wobei sich ihm die Wolkenbilder mehr und mehr verdüsterten („Der Toten Geister seid ihr..."). Gewichtiger ist der herabsinkende Abend, der Bezug von „gehen" und „zergehen", das „Flüstern", vor allem aber die „Kerzen". Sie leuchten in der Todesstunde.

Georg Heym sah gern auf die Landschaft, auf die jahreszeitlichen Abläufe. Das änderte sich um 1910. Fortan trübte sich die idyllische Anmutung. Das Drohende, Hässliche, Dunkle drängte ins Gedicht, unheimliche Verzerrungen zerstörten die Naturverbundenheit. Und doch behaupten sich vereinzelt im Spätwerk Gedichte wie „Alle Landschaften". Hier habe er, vermerkt Heym, einen alten Rhythmus „wiedergefunden". Es ist ein Rhythmus, der gegen die Zeit steht.

Das Gedicht, auch unter dem Titel „Träumerei in Hellblau" und mit veränderter zweiter Strophe gedruckt, ist im September 1911 entstanden. Im Januar 1912 ist Heym 24-jährig unter dem Eis der Havel ertrunken. Im Juni 1912 erschien seine Sammlung „Umbra vitae" (Lebensschatten). Sie enthält auch „Alle Landschaften". Dieses Gedicht hat Ernst Ludwig Kirchner, der den Zyklus illustrierte, als einziges mitsamt dem Wortlaut in Holz geschnitten. *Günter Ott*

CLEMENS BRENTANO

Der Spinnerin Nachtlied

Es sang vor langen Jahren
Wohl auch die Nachtigall,
Das war wohl süßer Schall,
Da wir zusammen waren.

Ich sing' und kann nicht weinen,
Und spinne so allein
Den Faden klar und rein,
So lang der Mond wird scheinen.

Da wir zusammen waren
Da sang die Nachtigall,
Nun mahnet mich ihr Schall
Daß du von mir gefahren.

So oft der Mond mag scheinen,
So denk' ich dein allein,
Mein Herz ist klar und rein,
Gott wolle uns vereinen.

Seit du von mir gefahren,
Singt stets die Nachtigall,
Ich denk' bei ihrem Schall,
Wie wir zusammen waren.

Gott wolle uns vereinen,
Hier spinn' ich so allein,
Der Mond scheint klar und rein,
Ich sing' und möchte weinen.

Alles kreist um einen Verlust

Es kann öde sein, ein Gedicht zu zerlegen, Zeilen und Reime zu zählen, mit kaltem Blick zu schauen, wie es gemacht ist – schnell steigt da der Geruch von Schulpflicht auf. Bei „Der Spinnerin Nachtlied" jedoch, verfasst von Clemens Brentano (1778 bis 1842), dem Artisten unter den Romantikern, ist es anders. Einmal darin eingetaucht, bekommt man nicht übel Lust, den Stift zu nehmen und ein Diagramm all der Bezüge anzulegen, die das Formgerüst dieses Gedichts ausmachen.

Dabei erscheint das Gebilde aus sechs Strophen ganz mühelos gefügt. Keine komplizierten Wörter reihen sich hier, die Sätze sind einfach in ihrem Duktus. Die vierzeiligen Strophen folgen dem Modell des umarmenden Reims, wonach der erste Vers mit dem vierten reimt (bei unbetonter Endung), während der dritte und vierte Vers ein Paar bilden (mit Betonung der Endsilbe).

Bei genauerem Hinsehen erkennt man jedoch, dass sämtliche Reime mit lediglich zwei Klängen auskommen – in den Strophen eins, drei und fünf sind es „-a(h)ren" und „-all", in Strophe zwei, vier und sechs „-einen" und „-ein". Damit nicht genug: Mit Ausnahme von „Jahren" werden die Reimwörter wiederholt, was zur Folge hat, dass es lediglich zehn reimende Wörter gibt – bei einem Gedicht von immerhin 24 Zeilen Länge! Und weiter: Das Reimpaar in der Mitte wiederholt sich in der je-weils übernächsten Strophe, dreimal also „Nachti-gall/Schall", dreimal „allein/rein". Doch auch hier geht der Dichter noch weiter, wiederholt er doch ganze Verse nach dem Muster, dass die jeweils letzte Zeile einer Strophe am Beginn der übernächsten wiederkehrt.

Der durch all diese Kniffe entstehende Gleichklang ermöglicht es, ja reizt gerade dazu, die Strophen oder auch nur einzelne Verse miteinander zu vertauschen. Wer es tut, kommt zu dem staunenswerten Ergebnis, dass das Gedicht trotz allem nichts von seiner Sinnhaftigkeit verliert. Das aber heißt, dass hier ein Stillstand, ein Drehen um ein und dieselbe Achse zum Ausdruck kommt. Dieser formale Befund lenkt den Blick auf das, worum es inhaltlich geht. Eine Frau – ob jung, ob alt, wird nicht gesagt – kommt nicht los von ihrem einstigen Herzensgefährten – weshalb er von dannen ging, bleibt ungenannt. Der Schmerz über diesen Verlust will nicht weichen, er hat sich festgesetzt im Fühlen und Denken der Frau, kreist unablässig wie das Spinnrad, an dem sie sitzt. In der Form manifestiert sich wesentlich die Aussage des Gedichts.

Brentano schrieb es mit 24 Jahren. Es ist eines der einfachst klingenden, zugleich kunstvollst gefügten der deutschen Sprache. Und bei aller Leichtigkeit, mit der es einherschwebt, eines der traurigsten.

Stefan Dosch

MATTHIAS CLAUDIUS

Kriegslied

's ist Krieg! 's ist Krieg! O Gottes Engel wehre,
Und rede du darein!
's ist leider Krieg – und ich begehre
Nicht schuld daran zu sein!

Was sollt ich machen, wenn im Schlaf mit Grämen
Und blutig, bleich und blaß,
Die Geister der Erschlagnen zu mir kämen,
Und vor mir weinten, was?

Wenn wackre Männer, die sich Ehre suchten,
Verstümmelt und halb tot
Im Staub sich vor mir wälzten, und mir fluchten
In ihrer Todesnot?

Wenn tausend tausend Väter, Mütter, Bräute,
So glücklich vor dem Krieg,
Nun alle elend, alle arme Leute,
Wehklagten über mich?

Wenn Hunger, böse Seuch' und ihre Nöten
Freund, Freund und Feind ins Grab
Versammleten, und mir zu Ehren krähten
Von einer Leich' herab?

Was hülf' mir Kron' und Land und Gold und Ehre?
Die könnten mich nicht freun!
's ist leider Krieg – und ich begehre
Nicht schuld daran zu sein!

Die Geister der Erschlagenen

„Krieg, Krieg, Krieg" – mit diesem Dreifach-Donner beginnt ein Artikel in der aktuellen Ausgabe der *Zeit*. Er beleuchtet Hintergründe der Kämpfe in Nahost und in der Ukraine. Es ist, als kehrte der (an-)klagende Ausruf des Matthias Claudius wieder: „'s ist Krieg! 's ist Krieg!" Der Wandsbecker Bote schrieb 1778 auf diese aufrüttelnde Weise sein Erschrecken über den Bayerischen Erbfolgekrieg nieder, der im selben Jahr zwischen Preußen und Österreich ausbrach.

Das Gedicht geht freilich über den historischen Anlass hinaus. Der Titel ist eine Verfremdung, denn es handelt sich ja nicht um ein (Soldaten-)Lied, das zum Kampf auffordert. Solche „poetischen Mobilmachungen" gab es in jenen Jahren jede Menge, es kam sogar zu einem regelrechten Wettstreit der Dichter, die im Namen von „Gott, König, Vaterland" den Patriotismus befeuerten. So intonierte J. W. L. Gleim eine seiner Preußen-Glorien mit dem Ausruf: „Krieg sei mein Lied!" Das „Kriegslied" des gar nicht so innigen, häuslichen, lammfrommen Matthias Claudius (1740 bis 1815) stellt sich dagegen quer zur Melodie – durch die unterschiedliche Zahl der Hebungen (fünf, drei, vier), durch den Wechsel von Lang- und Kurzzeilen, durch den Stopp, den die vielen Satzzeichen setzen. Es wappnet zudem mit rhetorischen Mitteln (Wiederholung, Parallelismus, Alliteration,

Reihung) und dank eines schaurig-gespenstischen Bilderreigens gegen jeglichen Krieg. In den Konditional-Strophen ziehen die „Geister der Erschlagnen" vorüber, die verstümmelten Kämpfer, die nach Tausenden zählenden Elenden. Dieser Todesreigen gipfelt in der Personifikation von Hunger, Seuche und Not, die von einer Leiche herabkrähen.

Claudius packt den Leser beim Gefühl. Der aus der Not geborene Anruf des Himmels („O Gottes Engel wehre"), den wir aus Barockzeiten im Ohr haben, bleibt auf den Anfang beschränkt. Stattdessen läuft das Gedicht auf die Schuldfrage zu: „'s ist leider Krieg – und ich begehre / Nicht schuld daran zu sein!" Die Doppelzeile erscheint doppelt. In diesem Kehrreim liegt die Besonderheit des Gedichts.

Was aber sagt sie aus? Claudius klärt auf: Kriege sind nicht Schicksalsschläge, sie werden angezettelt, es gibt also Schuldige. Oder man versteht sein „Kriegslied" als Rollengedicht: Das lyrische Ich spricht stellvertretend für den Herrscher und Kriegsherrn („Was hülf' mir Kron' und Land und Gold und Ehre?"). Oder es drückt sich in dem Begehren, nicht schuld zu sein, die allgemeine Ohnmacht aus. Oder, andersherum, das Empfinden einer möglichen Mitschuld... Wie immer, in dem abgenutzten Wörtchen „leider" ist bei Claudius unbedingt das „Leid" mitzulesen.   *Günter Ott*

GEORG RODOLF WECKHERLIN

Über den frühen Tod Fräwleins Anna Augusta Marggräfin zu Baden

Dein leben, dessen end uns plaget,
War wie ein tag schön und nit lang,
Ein stern vor des morgens aufgang,
Die Röthin wehrend weil es taget,
Ein seufz auß einer edlen brust,
Ein klag auß lieb nicht auß unlust,
Ein nebel den die sonn verjaget.

Ein staub der mit dem wind entstehet,
Ein Daw in des Sommers anbruch,
Ein luft mit lieblichem geruch,
Ein schnee der frühlingszeit abgehet,
Ein blum die frisch und welck zugleich.
Ein regenbog von farben reich
Ein zweig welchen der wind umbwehet.

Ein schaur in Sommerzeit vergossen,
Ein eiß am haissem Sonnenschein,
Ein glaß also brüchig als rein,
Ein wasser über nacht verflossen,
Ein plitz zumahl geschwind und hell
Ein strahl schiessend herab gar schnell,
Ein gelächter mit laid beschlossen.

Ein stim die lieblich dahin fähret,

Ein widerhall der stim in eyl,
Ein zeit vertriben mit kurtzweil
Ein traum der mit dem schlaf aufhöret,
Ein flug des vogels mit begihr,
Ein schat wan die Sonn sticht herfür,
Ein rauch welchen der wind zustöret.

Also dein leben (schnell verflogen),

Hat sich nicht anderst dan ein Tag,
Stern, morgenröth, seufz, nebel, klag,
Staub, daw, luft, schnee, blum, regenbogen,
Zweig, schaur, eiß, glaß, plitz, wasserfall,
Strahl, gelächter, stim, widerhall,
Zeit, traum, flug, schat und rauch verzogen.

Jede Zeile ein Bild

„Denen ich jung bekandt gewesen, die wissen wol, daß ich vor dreyssig, ja mehr dan vierzig Jahren unserer Sprach Reichthumb und Zierlichkeit den Frembden durch meine Gedichte vor augen geleget" – Georg Rodolf Weckherlin (1584 bis 1653) musste schon zu Lebzeiten die Leser an seine geschichtliche Bedeutung erinnern. Der geborene Stuttgarter und nachmalige Hofdichter des württembergischen Herzogs stimmte in der Tat als einer der Ersten den hohen Stil der neuen deutschen Barockdichtung an, dies durchaus mit nationalem Anspruch. Das bleibt sein Verdienst in Zeiten, da Latein noch die europäische Gelehrtensprache war.

Heute ist Weckherlin, der dichtende Diplomat, fast vergessen. Das hängt damit zusammen, dass seine dichterischen Ansätze durch die Literatur- und Versreform (1624) des Martin Opitz alsbald überholt waren. Auch damit, dass Weckherlin 1619 nach London ging – wo er auch starb – und dort als kämpferischer Anwalt der protestantischen Sache gegen die „Pfaffen" und „Papisten" Front machte. Der „Sprach Reichthumb" bekundet das 1619 publizierte „Klag-Trawr- und Grab-Gedicht" auf das badische Fräulein. Es war 1616 im Kindesalter gestorben. Nun wird der heutige Leser einwenden: Ja kann denn dieser Dichter nicht an sich halten, muss er uns mit seinen gezwungenen, manierierten End-los-Reihen behelligen?! Man kann dagegen sagen, dass beispielsweise Weckherlins Trauerhymnus „Des Grossen Gustav-Adolfen / etc. Ebenbild" ganze 101 Strophen umfasst! Man kann erläutern, dass das Barock die findigen und scharfsinnigen Dichter liebte mitsamt der rhetorischen Häufung, Übertreibung und Antithetik.

Im Übrigen durchbricht der Dichter in den durch den umfangenden Reim gebundenen Strophen, in den fast 30 Vergleichen ein ums andere Mal die Formelhaftigkeit: „Ein glaß also brüchig als rein"; „Ein gelächter mit laid beschlossen"… Die addierten Gleichnisse – jede Zeile ein Bild – spiegeln die Kürze des Lebens. Die Sprache selbst eilt in erfindungsreicher Flucht von einem Bild zum anderen und scheint doch wortreich nur das Unsagbare zu umkreisen – die schmerzliche Vergänglichkeit.

Die Krönung des Gedichts ist die letzte Strophe. Sie zieht die Summe, fügt die vorangegangene Bilderflucht zu einem kunstreichen Ganzen, einer nahezu wörtlichen Wiederholung der von allem Beiwerk befreiten Hauptwörter. Den Ausgang aus dieser labyrinthischen Wortkette formuliert die letzte Zeile mit ihren pointierten Vergänglichkeitsvokabeln. Das hat dichterische Wucht, zumal Weckherlin die Vanitas durch keinerlei Transzendenz überwölbt.

Günter Ott

JOSEPH VON EICHENDORFF

Mondnacht

Es war, als hätt' der Himmel
Die Erde still geküßt,
Dass sie im Blütenschimmer
Von ihm nun träumen müßt'.

Die Luft ging durch die Felder,
Die Ähren wogten sacht,
Es rauschten leis die Wälder,
So sternklar war die Nacht.

Und meine Seele spannte
Weit ihre Flügel aus,
Flog durch die stillen Lande,
Als flöge sie nach Haus.

In einer Nacht wie dieser

Eichendorffs „Mondnacht" gilt als Inbegriff des romantischen Gedichts. Zum Zeitpunkt der Entstehung, 1835, war das Zeitalter der Romantik freilich schon deutlich über dem Zenit. Schon kündigte sich die Moderne an mit zunehmender Industrialisierung, Urbanisierung und neuen sozialen Gegensätzen. Das hat Eichendorff nicht angefochten, das Erlebnis der Natur zu feiern als Besinnung auf den Wesenskern des Menschen. Vielleicht wirkt gerade deshalb nach wie vor der Zauber dieser Verse.

Wie in vielen anderen Gedichten bedient sich Eichendorff auch in der „Mondnacht" ausgiebig aus seinem favorisierten Wörterfundus. Der Himmel findet sich hier ebenso wie die Seele, Felder stehen neben Wäldern, es rauscht und wogt, zugleich ist es still und leise. Auch die formale Gestaltung ist typisch für die Lyrik Eichendorffs. Sie ist liedhaft einfach, ein dreihebiger Jambus rhythmisiert die Verse, deren Enden sich überkreuz reimen in unbetont/betontem Wechsel. Je vier Verse fügen sich zu einem Satz, ein jeder bildet wiederum eine Strophe, zusammengenommen ergibt sich ein dreigliedriger Aufbau. Die beiden rahmenden Strophen teilen – bestärkt durch den Konjunktiv („als hätt'", „als flöge") – individuelle Empfindungen eines nicht näher bezeichneten Ichs mit; die mittlere beschränkt sich auf die Schilderung der nächtlichen Natur.

Naturanschauung und reagierendes Gefühl, sie verschränken sich in dem Bild, mit dem das Gedicht anhebt. Mondlicht fällt auf die Erde – und dem erlebenden Ich stellt sich dies dar als Kuss. Es ist der Himmel, der dieses Zeichen inniger Zuneigung an die Erde und damit an den Menschen sendet. Eine in ihrer Zielrichtung eindeutige Geste, auch unter dem Aspekt von Eichendorffs katholischer Prägung. Die Möglichkeit eines Versöhntwerdens des in seiner irdischen Existenz zerspaltenen Menschen deutet sich hier an.

Die zweite Strophe schildert die Atmosphäre mondbeschienener Natur, wobei die sanfte Bewegung der Szenerie zugleich die innere Gestimmtheit des Betrachters spiegelt. Übrigens wird auch in diesen Versen der Mond kein einziges Mal benannt; er scheint lediglich auf im Titel des Gedichts.

Der Traum der Erde vom Himmel, von dem der letzte Vers der ersten Strophe sprach, somit die Sehnsucht des Menschen nach Transzendenz, wird in der Mondnacht für einen Moment erlebbare Realität. Die dritte Strophe zeigt die Reaktion des Menschen auf diesen „Kuss" des Himmels: Das Befinden hebt sich außerordentlich, die Seele setzt an zum Flug. Dieser führt über „stille Lande" an den ersehnten Ort: „nach Haus", in den Zustand des tiefinnerlich erfahrenen Aufgehobenseins im Universum. *Stefan Dosch*

GOTTFRIED BENN

Einsamer nie –

Einsamer nie als im August:
Erfüllungsstunde – im Gelände
die roten und die goldenen Brände,
doch wo ist deiner Gärten Lust?

Die Seen hell, die Himmel weich,
die Äcker rein und glänzen leise,
doch wo sind Sieg und Siegsbeweise
aus dem von dir vertretenen Reich?

Wo alles sich durch Glück beweist
und tauscht den Blick und tauscht die Ringe
im Weingeruch, im Rausch der Dinge –:
dienst du dem Gegenglück, dem Geist.

Glück und Gegenglück

Für Gottfried Benn (1886 bis 1956) war Mitte der 1930er Jahre die eigene geistige Situation prekär. Nachdem er die Machtergreifung Hitlers zunächst begrüßt hatte, folgte rasch die Ernüchterung, auch deshalb, weil die Nazis Benns Lyrik als entartet diffamierten, worauf wenig später das Schreibverbot folgte. Für das literarische Leben war der Dichter damit erledigt. Dem entsprach Benn innerlich mit selbstauferlegter Isolation – eine Haltung freilich, die seinem von Nietzsche geprägten Künstler-Selbstverständnis seit jeher entsprach. Vom Gegensatz zwischen äußerer und innerer Existenz spricht das 1936 verfasste Gedicht „Einsamer nie".

Die drei Strophen sind eine Selbstreflexion des Dichters, ihm selbst gilt das eingangs konstatierte Gefühl: Einsamkeit. Besonders schmerzlich wird sie empfunden beim Anblick einer Natur, die sich in ihrer „Erfüllungsstunde" im August in ihrer ganzen hochsommerlichen Intensität zeigt, in den „Bränden" glühend roter und goldener Farben. Was aber, fragt der Dichter sich selbst, haben gegen diese Natur die eigenen „Gärten" zu bieten, jene Gefilde, in denen er, der Einsame, sich bewegt?

Das Reflexions-Schema der ersten Strophe kehrt wieder in der zweiten. Erneut feiern die Verse die Erfülltheit des Sommers, die Schönheit der Seen, Himmel, Felder. Und neuerlich stellt sich in rückbezüglich-direktem Du die Frage, nun erweitert um einen zusätzlichen Vers und damit verstärkt in der Dringlichkeit: Was vermag der Einsame dem „Sieg" des äußeren Lebens entgegenzuhalten? Wie gestalten sich die „Siegsbeweise" aus dem eigenen „Reich" des Geistes und der Kunst?

Die Fragen, die jeweils am Ende der beiden ersten Strophen dynamisch vorwärts weisen in die nächste, zielen auf eine Lösung, deren Schauplatz nun die dritte Strophe ist. Vor Benennung des Auswegs aus dem Konflikt ist noch ein letztes Mal das „Glück" des herkömmlichen Lebens entfaltet – mit Bildern von menschlicher Zweisamkeit („und tauscht den Blick und tauscht die Ringe") und Ekstase („Weingeruch", „Rausch der Dinge"). Dagegen nun setzt der nach langer Stauung einsetzende Schlussvers – klanglich herausragend mit dem viermal wiederholten Buchstaben D und dem dreimaligen G – das argumentative Gegengewicht: das „Gegenglück" der inwendig gelebten geistig-künstlerischen Existenz.

Genau genommen, bleibt der einsame Dichter die Antwort auf die Frage nach den „Beweisen" freilich schuldig. Gibt es sie also doch nicht, die Erträge aus den „Gärten" des Geistes, die es vermögen, Natur und menschlicher Gemeinschaft standzuhalten? Doch, es gibt sie: „Einsamer nie", das Gedicht selbst ist Gottfried Benns „Siegsbeweis".

Stefan Dosch

Ein feste Burg ist unser Gott

Ein feste Burg ist unser Gott,
Ein gute Wehr und Waffen.
Er hilft uns frei aus aller Not,
Die uns jetzt hat betroffen.
Der alt böse Feind,
Mit Ernst er's jetzt meint.
Groß Macht und viel List
Sein grausam Rüstung ist.
Auf Erd ist nicht seinsgleichen.

Mit unsrer Macht ist nichts getan,
Wir sind gar bald verloren.
Es streit't für uns der rechte Mann,
Den Gott hat selbst erkoren.
Fragst du, wer der ist?
Er heißt Jesus Christ,
Der Herr Zebaoth,
Und ist kein ander Gott.
Das Feld muß er behalten.

Und wenn die Welt voll Teufel wär
Und wollt uns gar verschlingen,
So fürchten wir uns nicht so sehr,
Es soll uns doch gelingen.
Der Fürst dieser Welt,
Wie saur er sich stellt,
Tut er uns doch nicht.
Das macht, er ist gericht't.

Ein Wörtlein kann ihn fällen.
Das Wort sie sollen lassen stahn
Und kein' Dank dazu haben.
Er ist bei uns wohl auf dem Plan
Mit seinem Geist und Gaben.
Nehmen sie den Leib,
Gut, Ehr, Kind und Weib,
Laß fahren dahin.
Sie haben's kein Gewinn.
Das Reich muß uns doch bleiben.

Die Welt voll Teufel

Wehe, wenn die Texte losgelassen! Was hätte wohl Martin Luther (1483 bis 1546) zur Popularisierung seines Liedes „Ein feste Burg" gesagt? Seit 1529, dem Jahr seiner Veröffentlichung, findet es sich in den evangelischen Gesangbüchern. J. S. Bachs Kantate stammt von 1739. Heine hat das Lied, in dem Luther den 46. Psalm fort- und umschreibt, die „Marseiller Hymne der Reformation" genannt.

So weit, so gut. Dass jedoch die volkssprachlichen Strophen („Wie saur er sich stellt", „Laß fahren dahin") als „Schlachtgesang" erklangen; dass im Krieg von 1870/71 ihre „wunderbare Wirkung" gerühmt wurde; dass sie im Ersten Weltkrieg zum geistigen Rüstzeug der Soldaten zählten, die den Gegner verteufelten und die Zeile „Das Reich muß uns doch bleiben" nationalchauvinistisch umbogen – all das hätte den sehr wohl auf Kampf und Trotz sich verstehenden Augustinermönch Luther vermutlich arg befremdet.

Derweil wappnet sich das Lied durchaus mit der Bildkraft des Kampfes: Burg, Wehr, Waffen, Rüstung, Feld, Plan (= Kampfplatz), Zebaoth (Herr der himmlischen Heerscharen) usw. Doch Luther bestellt das Feld der Heilsgeschichte (auch wenn in der vierten Strophe die Kirchengeschichte der Zeit anklingt): Gott steht gegen die spektakuläre Bedrohung des Teufels („Auf Erd ist nicht seinesgleichen"). Der Teufel ist zu Luthers Zeiten noch konkrete Person und eine reale, von Anfang an („alt") böse und feindlich wirkende Macht.

Mitten im heilsgeschichtlichen Kampf, den das emphatische Lied in seiner antithetischen Struktur mit Auf- und Abgesang, Wiederholung und Variation festschreibt, steht der Mensch in all seiner Not und Ohnmacht. Er ist „gar bald verloren" – es sei denn, er findet zum Glauben, zum Vertrauen auf die „feste Burg" Gottes (das zweimalige „doch" in Strophe 3!). Luther zeichnet die grundsätzliche Lage des Menschen in der Heilsgeschichte. Die Widersacher werden gerade nicht identifiziert (weder als Papst noch als Türken oder sonst wer), sondern summarisch „sie" genannt. Wir haben es also in erster Linie nicht mit einem Kampf- und Kriegslied zu tun, sondern mit einem Trostlied, einer Bestärkung des Vertrauens auf Jesus Christ, unsere Rettung.

Dieses Vertrauen ist bei Luther an Mut und Einsatz gebunden, an die Gewissheit, dass das Wort Gottes die Macht hat, den Feind zu fällen. Das Wort vermittelt das Heil, deswegen sollen sie es „lassen stahn", also nicht verfälschen, „und kein' Dank dazu haben" (d.h., ob sie wollen oder nicht). Sein Gewissen sei „im Worte Gottes gefangen"; damit begründete Luther 1521 auf dem Reichstag in Worms, warum er nicht widerrufen könne. *Günter Ott*

JOHANN WOLFGANG GOETHE

Wandrers Nachtlied

Über allen Gipfeln
Ist Ruh,
In allen Wipfeln
Spürest du
Kaum einen Hauch;
Die Vögelein schweigen im Walde
Warte nur, balde
Ruhest du auch.

Mitten im Leben ein Moment der Stille

„Wandrers Nachtlied" ist eines der berühmtesten Gedichte deutscher Sprache und unter denjenigen Goethes wohl das bekannteste. Es wurde in alle Kultursprachen der Welt übersetzt, immer wieder haben sich Interpreten an ihm versucht, und die Zahl der Vertonungen geht weit über hundert hinaus.

Zum Mythos des Gedichts gehört seine Entstehung. Am Abend des 6. September 1780 stieg Goethe auf den Kickelhahn, einen Berg bei Ilmenau im Norden des Thüringer Walds. In einem Brief an Charlotte von Stein beschrieb er den Eindruck, den dort oben der Sonnenuntergang auf ihn machte: „Es ist die Gegend (...) so rein und ruhig (...) als eine grose schöne Seele wenn sie sich am wohlsten befindet." In dieser Stimmung schrieb er auf die Bretterwand der Jagdhütte auf dem Berg mit einem Bleistift die Zeilen des Gedichts.

Die erst später dazugestellte Überschrift nimmt Bezug auf das althergebrachte Bild vom Menschen als Wanderer, der durch das Leben streift, und so öffnet sich schon hier die Perspektive über die zunächst entfaltete Abendatmosphäre hinaus. Es ist wie sooft bei Goethe: Die Natur spricht (wenn auch hier leise). Der Aufnehmende ist der Dichter selbst, der sich im vierten Vers mit „Du" anspricht – eine Anrede, deren zunächst klare Richtung sich am Ende des Gedichts unvermittelt weitet zu einem Du, das den Leser (und somit alle) einschließt in die gedankliche Betrachtung.

Denkbar knapp ist der der Einsatz der sprachlichen Mittel, und doch ist mit dem Wenigen – acht Verse zu gerade mal 24 Wörtern – alles gesagt. Goethes Kunst ist so einfach wie wirkungsvoll. Der Eindruck der Naturstille etwa ist durch die nur zwei den Vers bildenden Wörter „ist Ruh" erzeugt, verstärkt dadurch, dass infolge des voraufgegangenen Zeilenbruchs eine kleine Pause entstanden war. Bemerkenswert auch das Metrum, das trotz seiner Ungleichmäßigkeit den lyrischen Fluss nicht behindert, sondern im Gegenteil, ihn erst begründet. Die beiden letzten Verse sind ein Versprechen auf innere Ruhe, auf ein, wie Goethe an Frau von Stein schrieb, Wohlbefinden der Seele. Ein Gemütszustand, der sich einstellt im Rückzug aus den Geschäften des Lebens und in Hinwendung an die stille Natur. Zugleich schwingt mit in unausgesprochener Offensichtlichkeit, dass letzte innere Ruhe nur der Tod bereithält.

1831, einen Tag vor seinem letzten Geburtstag, stieg der 82-jährige Dichter noch einmal auf den Kickelhahn und sah die Gedicht-Inschrift. Sein Begleiter berichtete: „Ganz langsam zog er sein schneeweißes Taschentuch (...), trocknete sich die Thränen und sprach in sanftem, wehmütigem Ton: ‚Ja, warte nur balde ruhest du auch'." *Stefan Dosch*

FRIEDRICH HÖLDERLIN

Hälfte des Lebens

Mit gelben Birnen hänget
Und voll mit wilden Rosen
Das Land in den See,
Ihr holden Schwäne,
Und trunken von Küssen
Tunkt ihr das Haupt
Ins heilignüchterne Wasser.

Weh mir, wo nehm' ich, wenn
Es Winter ist, die Blumen, und wo
Den Sonnenschein,
Und Schatten der Erde?
Die Mauern stehn
Sprachlos und kalt, im Winde
Klirren die Fahnen.

Worte wie Blumen

Liest man die teils eklatanten literarischen Fehlurteile vergangener Tage, wird man bescheiden. Denn sogleich stellt sich die Frage, wie man wohl über Urteile aus unserer Gegenwart dermaleinst befinden wird. Friedrich Hölderlins „Nachtgesänge", von ihm selbst für den Druck im „Taschenbuch für das Jahr 1805" durchgesehen, fielen zu seiner Zeit durch. Ein Kritiker sprach von „versificierten Radottagen" (Faseleien) und hängte das Etikett „höchst lächerlich" an.

Zu Hölderlins Zyklus der neun „Nachtgesänge" zählt auch „Hälfte des Lebens". Das Gedicht hat zwei Hälften. Schon bei der ersten Lektüre sortieren sich Gegensätze – von Sommer und Winter, von Leben und Tod. Durch die schroffe Antithetik scheint ein altbekanntes Muster: das Paradies und das erfüllte (Natur-)Leben hie, die Vertreibung, Entfremdung und Sinnferne da. Gehört beides nicht zusammen, das von diesem Dichter andernorts sogenannte „Edle" und das „Gemeine", das „Reine" und das „Unreine"?

Die vollendete Sprachgestalt setzt ein im rhythmisch bewegten Fluss der durch keinen Punkt getrennten Verse, in Bildern höchster Erfüllung (voll, Rosen, Birnen), in farbigen Adjektiva, im Ineinander von Blühen und Reifen, von Land und See, von Schwan und Wasser. Alles ist Versöhnung in der Gleichzeitigkeit von Hängen, Sichneigen, Eintauchen (das Wort „hold" hat ursprünglich die Bedeutung „zugeneigt"). Von Liebe ist die Rede und von Religion, und beider Wesen ist die Vereinigung. Dann der Umschlag, das Stakkato einsilbiger Worte, das zerrissene Satzgefüge, durch die Kälte schneidende Dissonanzen, die Wehklage des aus allen Zusammenklängen gerissenen Ich, das Klirren der (Wetter-)Fahnen. Das Wort „sprachlos" lässt aufhorchen. Ist hier das Ich, ist der Dichter in eine tiefe Krise gestürzt? Man meint das Leid (ob persönlicher, ob politischer Enttäuschungen wegen) hinter diesen Zeilen zu spüren.

In aller Weltseligkeit (Strophe I), in aller Entseelung (Strophe II) steht hier nichts anderes als die Dichtkunst auf dem Spiel. Die „Schwäne", die genau die Mitte der ersten Strophe bezeichnen, sind seit alters ein Symbol des Dichters; wie die „Blumen" auf die dichterische Rede verweisen („Worte, wie Blumen" heißt es in Hölderlins „Brod und Wein"); wie „heilignüchtern" einen klassischen Topos aufgreift, Begeisterung und Besonnenheit, Trunkenheit und klaren Blick vereinend.

Die erste Strophe entwirft das Idealreich der Poesie. Hier fließen die Gegensätze in vollkommener Harmonie zusammen. Durch die zweite Strophe hallt die Wehklage des Dichters. Er ist verstummt in poesieloser Welt.

Günter Ott

PAUL CELAN

Ein Dröhnen

EIN DRÖHNEN: es ist
die Wahrheit selbst
unter die Menschen
getreten,
mitten ins
Metapherngestöber.

Die Wahrheit als Zumutung

Paul Celan, der 1920 in Czernowitz geboren wurde und sich 1970 in Paris das Leben nahm, gehört zu den prägenden und besonders eindrucksvollen Autoren der Nachkriegszeit. Seine Gedichte gelten mitunter als unzugänglich, auch wenn, wie er betonte, alle von ihm gebrauchten Worte im „Duden" zu finden sind. Celans Gedichte, die er in acht Sammlungen herausgebracht hat, sind nicht zu denken ohne das Grauen des Holocausts, dem Celans gesamte Familie zum Opfer fiel. Dennoch hat er sich, obwohl er vieler Sprachen mächtig war, entschlossen, weiterhin auf Deutsch zu schreiben.

Viele seiner Gedichte tragen dabei der Überlegung Rechnung, wie es möglich ist, unter diesen Umständen überhaupt noch zu schreiben. Nicht zuletzt in den programmatisch gewählten Titeln seiner Gedichtbände hat Celan etwas vom Selbstverständnis seiner Lyrik offenbart. „Mohn und Gedächtnis" etwa deutet auf den Zusammenhang von Erinnern und Vergessen, „Atemwende" hingegen steht für eine Erwartungshaltung gegenüber dem Gedicht. Ein mit diesem Stichwort überschriebener Band erschien im Jahr 1967, und darin findet sich das Gedicht „Ein Dröhnen".

In einer für Celan typischen Konzentration auf das einzelne Wort und seine jeweilige Stellung im Vers, von denen einer gar nur ein einziges Wort umfasst, stellt das Gedicht einen Vorgang vor Augen: Die Ankunft, den Auftritt einer nicht im einzelnen spezifizierten „Wahrheit", die nicht schlicht oder harmlos wirkt, sondern als ein Dröhnen erscheint, das gerade nicht selbstverständlich ist. Es ist eine offenbar überraschende, außergewöhnliche Erfahrung, wenn hier „die Wahrheit selbst" erscheint, und sie lässt sich dann auch nicht in eine einfache Sprache übersetzen oder direkt formulieren. Vielmehr ist das Dröhnen Zeichen einer Unverständlichkeit, die gerade darin erst den Wahrheitsgehalt bestätigt.

Die „Wahrheit selbst" kann also nicht als eine einfache, banale, direkte formuliert werden, sondern sie tritt als Ereignis, als „Zumutung" auf (wie Ingeborg Bachmann sagen würde, die mit Paul Celan befreundet war). Ja, die Wahrheit scheint geradezu eine Störung zu sein, sie tritt „mitten ins / Metapherngestöber", mitten hinein in die verbrauchte Sprache.

Paul Celan hat seine Gedichte daher als „Flaschenpost" bezeichnet. Sie sind nicht unmittelbar zu entziffern, aber sie geben bei bereitwilliger und intensiver Auseinandersetzung Einblicke frei, auf die man nicht gut verzichten kann. *Mathias Mayer*

RAINER MARIA RILKE

Ich fürchte mich so vor der Menschen Wort

Ich fürchte mich so vor der Menschen Wort.
Sie sprechen alles so deutlich aus:
Und dieses heißt Hund und jenes heißt Haus,
und hier ist Beginn und das Ende ist dort.

Mich bangt auch ihr Sinn, ihr Spiel mit dem Spott,
sie wissen alles, was wird und war;
kein Berg ist ihnen mehr wunderbar;
ihr Garten und Gut grenzt grade an Gott.

Ich will immer warnen und wehren: Bleibt fern.
Die Dinge singen hör ich so gern.
Ihr rührt sie an: sie sind starr und stumm.
Ihr bringt mir alle die Dinge um.

Die Dinge singen

Auf der einen Seite sind die Menschen und ihr Wort, auf der anderen Seite arbeitet das lyrische Ich an seinem Wort. Gleich in der ersten Zeile seines frühen, mit knapp 22 Jahren geschriebenen Gedichtes zieht Rainer Maria Rilke (1875 bis 1926) eine scharfe Trennlinie. Was wie eine Anmaßung erscheint, führt mitten hinein in Rilkes Verständnis der Dichtkunst.

Im Hintergrund der eingangs gezeichneten Kluft zwischen dem Einzelnen und der Allgemeinheit steht Friedrich Nietzsche. Der Philosoph hat die singuläre Existenz des Einsamen gefeiert, jenes Schöpfertum, das sein wortsprühendes Feuer aus der Opposition zu den Vielen und Angepassten schlägt. Diese Geisteshaltung prägt Rilke (und längst nicht nur ihn).

Die Kritik seines Gedichtes ist deutlich. Und doch spricht hier nicht ein Ich von oben herab, sondern aus Furcht und Bange. Die „Menschen" machen die Welt eindeutig. Ihre Deutlichkeit äußert sich in zudringlicher Deutungshoheit. Sie arretieren die Dinge, meißeln Gewissheiten, schaffen exakte Begrenzungen („hier ist Beginn und das Ende dort"), wissen selbst um das Woher und Wohin und glauben sich mit Gott so fest im Bunde, dass der Dichter dieses Band alliterierend festzurrt („Garten", „Gut", „Gott"). Gegen diesen Allmachtswahn,

den planen Rationalismus als Armutszeugnis einer entzauberten Welt, steht indes eine Frage: Decken sich denn die Bezeichnungen und die Dinge? Mit dieser grundlegenden Skepsis weist Nietzsche schon 1872/1873 auf die Sprachkrise der Moderne voraus. Sie erfährt in Hugo von Hofmannsthals „Chandos-Brief" (1902) ihre verzweifelte Zuspitzung: „Es zerfiel mir alles in Teile, die Teile wieder in Teile, und nichts mehr ließ sich mit einem Begriff umspannen..." Doch Hofmannsthal verschlägt es angesichts des ins Leere stürzenden Begriffswirbels nicht die Sprache. Er bahnt sich einen Weg aus der Sprachnot, indem er die Kraft der Poesie feiert – mit ihrer „ganz anderen Energie als die stumme Alltagssprache", mit ihrer „ganz anderen Zauberkraft als die schwächliche Terminologie der Wissenschaft".

Von alledem spricht auch Rilke, und er tut dies im Zaubergewebe seiner Gedichte. Die Worte gewinnen ihren geheimnisvollen Ton zurück, den Echoraum aus Ahnung und Assoziation. Im rühmenden Dichterwort durchdringen sich Sichtbares und Unsichtbares, Ungesagtes und Sagbares zu neuer Fülle.

Hier klingt von fernher die Poesie der Romantik nach, Eichendorffs „Wünschelrute" (1835): „Schläft ein Lied in allen Dingen..."   *Günter Ott*

HERMANN HESSE

September

Der Garten trauert,
kühl sinkt in die Blumen der Regen.
Der Sommer schauert
still seinem Ende entgegen.

Golden tropft Blatt um Blatt
nieder vom hohen Akazienbaum.
Sommer lächelt erstaunt und matt
in den sterbenden Gartentraum.

Lange noch bei den Rosen
bleibt er stehn, sehnt sich nach Ruh.
Langsam tut er die großen,
müdgewordenen Augen zu.

Der Sommer tut die Augen zu

50 Jahre alt war Hermann Hesse, als er dieses Gedicht 1927 im Erscheinungsjahr seines wohl berühmtesten Romans „Der Steppenwolf" schrieb. Vorbei jene Zeit, in der es wimmelte von „Fehlern, die kein Poetiklehrer einem Schüler durchgehen lassen würde" – wie Hesse die Nachlässigkeiten seiner Anfangsjahre als Lyriker bezeichnete. Doch den Geist der literarischen Romantik, die er in seiner Jugendzeit verschlang, atmen die drei Strophen, sechs Sätze, zwölf kurzen Zeilen gleichwohl. Und: Hesse hat erklärtermaßen keine Angst vor Herz und Schmerz.

„September" entstand tatsächlich an einem Septembertag, gewiss unter dem Eindruck von Hesses Heim im Tessiner Montagnola. Er schaute in jenen schon mediterran wuchernden Garten, den er „Klingsors Zaubergarten" nannte und den er bereits in der Erzählung „Klingsors letzter Sommer" (1920) geschildert hatte.

Nun also ein Gedicht zu den letzten Sommertagen in diesem Zaubergarten, wo Welt verkörpert ist und handelt: Der Garten trauert, der Sommer schauert, er lächelt und schließt die Augen. Dies darf nur ein Gedicht. Hesse: „Die Dichtung lebt und wirkt nur da, wo sie wirklich Dichtung ist, das heißt, wo sie Symbole schafft." Unter den Hunderten von Gedichten des Naturmenschen Hesse ist „September" bloß eine Variation der Themen „Abschied" und „Vergänglichkeit" (des Sommers). Manches sinkt im Kreuzreim nieder: der Regen, die Blätter, die Lider der Augen. Das Fallen der Blätter gar ist zu hören. Sie tropfen – wodurch gleichzeitig auch ein Verrinnen der Zeit anklingt. Sein Gedicht „Vergänglichkeit" beginnt Hesse so: „Vom Baum des Lebens fällt – Mir Blatt um Blatt".

Hermann Hesses „September"-Gedicht hat der greise Richard Strauss voller Todesahnungen im September 1948 zum Abschluss seiner vier letzten Orchesterlieder vertont. Obwohl Hesse die virtuos-rauschende Musik dieses letzten Spätromantikers nicht schätzte (wohl aber die Othmar-Schoeck-Vertonungen seiner Gedichte), so wahrt doch Strauss, der große Abgesangs-Komponist neben Gustav Mahler, den sublimen Sinn der Zeilen: romantisches Ausklingen, Verklärung und Tod. Noch einmal komponierte Strauss: funkelnd-sprühende Wasserfall-Musik zu den golden tropfenden Blättern – und das über dem Orchester schwebende Solo-Horn schließt wehmütig-versöhnlich die müdgeword'nen Augen zu.

Hesse, auch ein Zeichner und Aquarellmaler des Spätsommers, befand: Das Sterben (von Blumen) kann „so schön, so blühend, so liebenswert" sein.

Rüdiger Heinze

EDUARD MÖRIKE

Die Schwestern

Wir Schwestern zwei, wir schönen,
So gleich von Angesicht,
So gleicht kein Ei dem andern,
Kein Stern dem andern nicht.

Wir Schwestern zwei, wir schönen,
Wir haben lichtbraune Haar',
Und flichtst du sie in Einen Zopf,
Man kennt sie nicht fürwahr.

Wir Schwestern zwei, wir schönen,
Wir tragen gleich Gewand,
Spazieren auf dem Wiesenplan
Und singen Hand in Hand.

Wir Schwestern zwei, wir schönen,
Wir spinnen in die Wett',
Wir sitzen an Einer Kunkel,
Und schlafen in Einem Bett.

O Schwestern zwei, ihr schönen,
Wie hat sich das Blättchen gewend't!
Ihr liebet einerlei Liebchen –
Und jetzt hat das Liedel ein End'.

Raffiniertes Dichten in acht Minuten

Harmloser und harmonischer könnte man fast nicht beginnen. Eduard Mörike (1804 bis 1875) zeigt das idyllische Einverständnis zweier Schwestern, deren Einigkeit durch nichts getrübt ist. Sie sind im Äußeren einander ganz ähnlich und im Inneren voller Übereinstimmung, sodass man sie nicht einmal unterscheiden kann. Ja, sie teilen die Haarfarbe, die Kleider, die Freizeit (spazieren Hand in Hand), die Arbeit (am Webstuhl) und sogar den Schlaf miteinander.

Mörike also doch der Dichter biedermeierlicher Idylle? Der Harmonie der Schwestern entspricht die längste Zeit der unaufgeregte Wechsel von unbetonter und betonter Silbe in den Jamben, mit denen das Gedicht beginnt. Nach und nach, zuerst im Vers 6, dann in der vierten Strophe, kommt aber ein Daktylus hinzu, ein dreiteiliger Versfuß, der nicht recht ins Bild der zwei Schwestern passt. Was sich in der Rhythmik des Gedichtes langsam und kaum wahrnehmbar ankündigt, führt dann aber in die Katastrophe des kleinen Textes: Die Harmonie der zwei Schwestern zerbricht, wenn ein Dritter dazukommt – die Konkurrenz um den einen Mann lässt sich nicht mehr teilen wie die Arbeit oder das Gewand. Mit subtiler Ironie schleust Mörike in der letzten Strophe die harmlose Wendung ein: „Wie hat sich das Blättchen gewend'!" Mit der Liebe und zugleich dem Streit um den Geliebten sind die Jamben durch Daktylen ersetzt, die Schwestern sind entzwei. Aber nicht nur diese Harmonie ist zu Ende, sondern auch das Gedicht und das Blatt, auf dem der Text steht, hat sich gewendet. Das Zerbrechen der Idylle gehört noch mit zum Gedicht, das zugleich darauf reagiert. Das bewusst schlicht erscheinende „Und jetzt hat das Liedel ein End" täuscht nicht über die raffinierte Kunstfertigkeit dieses harmlos erscheinenden Textes hinweg. Der vorangestellte Refrain, bezeichnende Wiederholungen und doppelte Verneinungen zeigen schon die Hand des Künstlers. Und dies um so mehr, als er den Schein des Volksliedes evoziert, um ihn dann virtuos zu zerstören. Das prekäre Moment des „Dritten", der die Harmonie zwischen den beiden stört, zeigt sich auch im Reimschema, indem jeder dritte Vers ungereimt bleibt.

Aber Mörike hat dieses raffinierte Spiel noch bis in die Mitteilung des Gedichtes verlängert. Als er es 1837 seinem Freund Hartlaub schickt, gibt er es als ein Volkslied aus, das er gefunden habe. Die wirkliche Entstehung schildert er dann in einem weiteren Brief: „Es ist neulich morgens im Bett unmittelbar nach einem heiteren Erwachen gleichsam aus dem Stegreif entstanden und war in weniger als 8 Minuten beisammen".

Mathias Mayer

STEFAN GEORGE

Komm in den totgesagten park

Komm in den totgesagten park und schau:
Der schimmer ferner lächelnder gestade ·
Der reinen wolken unverhofftes blau
Erhellt die weiher und die bunten pfade.

Dort nimm das tiefe gelb · das weiche grau
Von birken und von buchs · der wind ist lau ·
Die späten rosen welkten noch nicht ganz ·
Erlese küsse sie und flicht den kranz ·

Vergiss auch diese lezten astern nicht ·
Den purpur um die ranken wilder reben
Und auch was übrig blieb von grünem leben
Verwinde leicht im herbstlichen gesicht.

Schau auf die Farben des Herbstes!

Die Schönheit dieses Gedichts haben schon Dichterkollegen bewundert, Gottfried Benn etwa oder Hugo von Hofmannsthal. Der machte es zum Gegenstand in seinem fiktiven Dialog „Das Gespräch über Gedichte", worin vor allem der dritte Vers der ersten Strophe Erwähnung findet. Eigentlich, lässt Hofmannsthal argumentieren, sei es ja wohl der Himmel zwischen den Wolken, der blau sei, nicht diese selbst. Solches Blau aber, heißt es weiter im „Gespräch", zeichne sich nur ab an den Rändern klar umrissener Herbstwolken, weshalb Georges Fügung „der reinen wolken unverhofftes blau" doch ganz vortrefflich sei.

Das Gedicht steht am Beginn von Stefan Georges Band „Das Jahr der Seele" (1897) und eröffnet darin zugleich einen Zyklus von Gedichten über den Herbst. Eine beliebte Jahreszeit für Dichter. Doch bei George wird nicht, wie andernorts zu vergleichbarem Anlass, der Segen üppiger Ernte in überschäumender Fröhlichkeit besungen. Der Dichter verweist, in zurückgenommener und dennoch intensiver sprachlicher Gestaltung, auf anderes: auf die Schönheit später Zeit. Schon zu Beginn wird das deutlich, denn der „totgesagte park" hellt sich beim Betreten auf – durch die (Himmels-)Spiegelung ferner, wohl südlich gelegener Küsten, durch das „reine" Weiß der Wolken und das schon benannte leuchtende Blau herbstlich klarer Atmosphäre. Weitere Farben treten hinzu: Gelb, Grau, Purpur, Grün – George fächert die ganze Palette der Grundfarben auf, ergänzt um Werte, wie sie die späte Jahreszeit kennt.

Der Raum, der hier durchschritten wird, ist ein Park. Ort der Natur wie der Kultur gleichermaßen und deshalb einer, der ein verfeinertes Empfinden verlangt, um in seiner hybriden Schönheit erkannt zu werden – nicht anders als der Raum der Seele, unter deren Zeichen der gesamte lyrische Zyklus ja steht. Park und Seele, beides sind Gefilde, deren besondere Zustände sichtbar werden durch einen kundigen Führer, wie es nach der Vorstellung Georges der Dichter ist. Deshalb auch stehen die Verben mehrheitlich im Imperativ: „Komm... und schau"! Wobei die Einladung sich nicht an ein unbestimmtes Kollektiv richtet, sondern in ihrer grammatischen Einzahl an ein gezieltes, auf das Ansichtigwerden des Besonderen eingestimmtes Du. Der Anspruch des Dichters ist elitär, das vermitteln seine Verse nicht zuletzt durch ihre äußere Gestalt mit Kleinschreibung und hochgestellten Punkten.

Wer in solcher Park- wie Seelenlandschaft zu schauen versteht, dem eröffnet sich nicht nur ungekannte Farbenpracht. Der Eingeweihte verfügt auch über die Fähigkeit, das Dahingegangene zu „verwinden": zu betrauern und zu erinnern in produktivem Prozess.

Stefan Dosch

DURS GRÜNBEIN

Möbius

Was ist der Mond? Der treue Hund der Erde,
Faktotum, Außenspiegel, schwankender Geselle,
In seiner Kahlheit eine wandelnde Beschwerde.

Ein Gong auch, lautlos, korrodierte Narrenschelle,
Ins All gehängt von dem Maestro allen Schwebens.
Mal nah, dann fern: Und plötzlich groß zur Stelle,

Wenn er schon fast vergessen schien und aufgegeben.
Ein großer Riesenpilz, ein Diagramm der Tage,
Die sich zum Monat runden. Das war sein Diktat.

Er hält die Pole, macht das Meer zur Wasserwaage.
Die Erde wäre unbewohnbar ohne ihn –
Geht ein Gerücht, das älter ist als Platons Staat.

Er war das Himmels-Jo-Jo, Spielzeug aller Pharaonen,
In jeder Rolle gut, als Bonze, Rabbi, Muezzin.
Schreib einen Brief an den Mond. Schreib Cyrano...

Ein Brief an den Mond

Die Texte des 1962 in Dresden geborenen Durs Grünbein gelten gelegentlich als intellektuell überfrachtet, als zu gelehrt. Sein Gedichtband „Cyrano oder Die Rückkehr vom Mond" lädt nun zu vielfachen Erkundungen und Lektüren ein, bei denen weniger Expertenwissen als ein offenes Ohr und ein interessiertes Auge gefragt sind. Geht es doch um Blicke auf den Erdtrabanten, die fast ausschließlich in dreizeiligen Strophen unter die Überschriften namhafter Forscher gestellt sind, von denen viele auf der Mondkarte und ihren Kratern genannt sind.

Es bedarf nicht wirklich genauerer Kenntnis über Ferdinand August Möbius, den Leipziger Astronomen und Erfinder des Möbiusbandes, um dieses Gedicht zu lesen und zu verstehen. Als letztes des Lyrikbandes stellt es die schlichte wie zentrale Frage „Was ist der Mond?" aus ganz unterschiedlichen Perspektiven.

Die anschauliche Wendung vom „treuen Hund der Erde" oder dem „Außenspiegel" bringt Nähe und Ferne in einen Austausch und lässt das selbstverständlich Scheinende erstaunlich werden. Die Wissenschaft erscheint hier nicht als dichtungsfremd; auch die religiöse Tradition kommt noch in den Blick, wenn vom „Maestro allen Schwebens" die Rede ist. Was wir – mehr oder weniger mühsam –

über Ebbe und Flut gelernt haben, der Dichter verwandelt es in eine ebenso schlichte wie genaue Zeile: „Er hält die Pole, macht das Meer zur Wasserwaage."

Das Gedicht mündet in die Schreibaufforderung, die es selbst schon gewissermaßen eingelöst hat – gerichtet an jenen mondsüchtigen Cyrano de Bergerac, der im 17. Jahrhundert in den Weltraum katapultiert wurde, um dem drohenden Tod durch kanadische Irokesen zu entkommen. Darüber und von vielen anderen Mondexpeditionen berichtet der zweite, essayistische Teil des Buches, der die Brücke schlägt zwischen autobiografischer Erinnerung, Wissenschaftsgeschichte und Poetik: der Mond „war immer schon vor einem da! Auch wenn er eben erst zu entstehen scheint, du wirst vergehen, er aber ist auch in der Nacht darauf wieder da".

Gedichte sind, wie der vielfach preisgekrönte Dichter Grünbein sagt, „Erschütterungen und Verlautbarungen in Tropfenform". Auf diese Weise artikuliert sich ein anspruchsvolles, aber nicht esoterisches Verständnis von Literatur, das den Mut hat, mit dem Vers gleichsam ins Freie zu zeigen: „Während es ringsum offenbar schon als Verdienst gilt, überhaupt dazusein, kommt den meisten Dichtern ein Leben lang gerade dies als das Allerunwahrscheinlichste vor."

Mathias Mayer

FRIEDRICH NIETZSCHE

An der Brücke stand

An der Brücke stand
jüngst ich in brauner Nacht.
Fernher kam Gesang:
goldener Tropfen quoll's
über die zitternde Fläche weg.
Gondeln, Lichter, Musik –
trunken schwamm's in die Dämmrung hinaus…

Meine Seele, ein Saitenspiel,
sang sich, unsichtbar berührt,
heimlich ein Gondellied dazu,
zitternd vor bunter Seligkeit.
– Hörte Jemand ihr zu?…

Lyrik als Musikerlebnis

Friedrich Nietzsche (1844 bis 1900) ist der erste große Musiker unter den Philosophen. So sehr er auch in früheren Jahren für Richard Wagner geschwärmt hat, zuletzt hat er sich von ihm aufs Deutlichste distanziert, aber auch gleich die gesamte deutsche Musik als zu schwer und unbeweglich abgelehnt. Deutschland galt ihm immer als das geistige Flachland Europas, weshalb sich sein nervöser Körper am wohlsten gefühlt hat auf den Höhen des Engadins oder an der Mittelmeerküste Frankreichs und Italiens.

Als einer seiner allerletzten Texte, unmittelbar vor dem Ausbruch der Paralyse geschrieben, entstand Ende 1888 das berühmte Venedig-Gedicht, das Nietzsche indes nicht mehr selbst veröffentlichen konnte. Recht besehen, hat es von ihm nicht einmal einen Titel zugewiesen bekommen, es erschien teils unter der Überschrift „Venedig", teils als „Gondellied", und es ist auch nicht ganz sicher, ob er es in seine letzte Streitschrift „Nietzsche contra Wagner" oder in seine Autobiographie „Ecce homo" hätte aufnehmen wollen.

Nietzsche war im Jahr davor zuletzt in Venedig gewesen und schrieb daher diesen magischen, reimlosen Text aus dem Abstand und der Erinnerung, als betörende Partitur von Klängen und Assoziationen, die sich nicht zu einer festen Struktur fügen. „Wenn ich ein andres Wort für Musik suche, so finde ich immer nur das Wort Venedig", so leitete er dieses Gedicht kommentierend ein, um damit einen Sehnsuchts- und Erinnerungsort zu berufen, den schon Goethe und Platen besungen hatten, an dem Richard Wagner wenige Jahre zuvor gestorben war, und der dann bis zu Thomas Mann und Hugo von Hofmannsthal die Fantasie der deutschen Literatur beschäftigen sollte. Hier nun wird in drei- und vierhebigen Versen keine Kulisse beschworen, sondern ein Hör-Raum geschaffen, in dessen Nacht sich alle Grenzen aufzulösen beginnen. Die Brücke, als zentrales Requisit der Lagunenstadt, wird zum poetischen Ort des Übergangs, zwischen Land und Meer, zwischen Sprache und Musik, zwischen Ferne und Nähe, aber auch zwischen subjektiver Empfindung und Wahrnehmung.

Selbst die Grammatik gewinnt etwas Schwebendes, indem das lyrische Ich vor allem als Rezipient, als Instrument einer Wahrnehmung erscheint („Meine Seele, ein Saitenspiel") und das unbestimmte „Es" eine Aufhebung der Grenzen signalisiert, ein rauschhaftes Verschwimmen, die sich in der Musik des Textes löst. Ob der letzte Vers eine ironische Selbstkorrektur des Heine-Lesers Nietzsche darstellt, wie immer wieder zu lesen ist?

Mathias Mayer

191

FRIEDRICH RÜCKERT

Oft denk' ich, sie sind nur ausgegangen

Oft denk' ich, sie sind nur ausgegangen,
Bald werden sie wieder nach Hause gelangen,
Der Tag ist schön, o sei nicht bang,
Sie machen nur einen weiten Gang.

Ja wohl, sie sind nur ausgegangen,
Und werden jetzt nach Haus gelangen,
O, sei nicht bang, der Tag ist schön,
Sie machen den Gang zu jenen Höh'n.

Sie sind uns nur voraus gegangen,
Und werden nicht hier nach Haus verlangen,
Wir holen sie ein auf jenen Höh'n
Im Sonnenschein, der Tag ist schön.

Der Glaube an das Paradies

428 Kindertotenlieder hat Friedrich Rückert geschrieben – und damit stark eine Untergattung der Lyrik vermehrt, die bis ins 20. Jahrhundert reicht. Auch wenn er mit über 10.000 Gedichten von schwankender Qualität ein Vielschreiber war: An der Zahl von 428 ist ablesbar, wie nahe ihm der Scharlach-Tod seiner Kinder Luise und Ernst 1833/1834 gegangen war. Die wissenschaftliche Nachwelt sah in seinen Lamentos „die größte Totenklage der Weltliteratur" – und den Beginn seines lyrischen Verstummens. Dabei war um 1835 der Tod von Kindern fast die Regel. Statistiken überliefern, dass in den ärmeren Gesellschaftsschichten von Berlin von 1000 Neugeborenen nur 655 das fünfte Lebensjahr erreichten.

Nichts deutet in Rückerts „Oft denk ich, sie sind nur ausgegangen" durch konkrete Wortwahl auf Tod und Sterben hin. Kennt der Leser den Titel des Zyklus nicht, muss er sich die geleistete Trauerarbeit erst anhand poetischer Andeutungen erschließen. Das lyrische Ich berichtet, was in seinem Inneren vor sich geht – nachdem Nahestehende das Haus verlassen haben: Einbildung, Hoffnung, Zukunftserwartung, Heilsgewissheit. So gewinnen die zwölf Zeilen voller Freiheiten des Metrums etwas Selbstsuggestives – verstärkt noch durch das „Jawohl" zu Beginn der zweiten Strophe. Mit selbstberuhigendem Trost endet das Gedicht: „Wir holen sie ein auf jenen Höh'n". Dabei stehen die Höhen, die durch einen weiten Gang erreicht werden, ohne Frage für Seelen-Transzendenz, höhere Daseinsstufe, ja für das helle, schöne Paradies mit gemeinschaftlichem Leben nach dem Tod.

Wie aber erzeugt Rückert das Selbstsuggestive, seinen Glauben an das Wiedersehen im Jenseits? Durch stete Wiederholungen von nur leicht variierten Aussagen. Dreimal allein nutzt er die Wörter „Haus" und „schön". Und woher bezog er, der einst Redakteur bei Cotta in Stuttgart war, dieses Stilmittel? Auch aus der Lyrik des Orients! Neben seiner Produktivität als Dichter, Erzähler und biedermeierlicher Hauspoet übersetzte der Professor für orientalische Sprachen arabische, chinesische, indische, hebräische, persische Schriften ins Deutsche – auch, in Auszügen, den Koran.

Nüchtern muss heute eingestanden werden: Gustav Mahlers Vertonung von fünf Kindertotenliedern Rückerts (1901/1904) hilft bis in die Gegenwart entscheidend bei der Erinnerung an Rückerts Zyklus. Wieder gab persönliche Tragik den Impuls zu diesem musikalischen Kunstwerk: Von den 13 Geschwistern Mahlers starben allein im Kindesalter sieben. Rückerts und Mahlers Kunst aber treffen sich im Vermögen, intim-seelischen Schmerz glaubhaft vor einem größeren Publikum zu entäußern. *Rüdiger Heinze*

Der Handkuss

Viere lang,
Zum Empfang,
Vorne Jean,
Elegant,
Fährt meine süße Lady.

Schilderhaus,
Wache raus.
Schloßportal,
Und im Saal
Steht meine süße Lady.

Hofmarschall,
Pagenwall.
Sehr graziös,
Merveillös
Knickst meine süße Lady.

Königin,
Hoher Sinn.
Ihre Hand,
Interessant,
Küßt meine süße Lady.

Viere lang,
Vom Empfang,
Vorne Jean,
Elegant,
Kommt meine süße Lady.

Nun wie war's
Heut bei Czars?
Ach, ich bin
Noch ganz hin,
Haucht meine süße Lady.

Nach und nach,
Allgemach,
Ihren Mann
Wieder dann
Kennt meine süße Lady.

Kurz gefasst, viel gesagt

Der 1844 in Kiel geborene Detlev von Liliencron war wohl das, was man einen unsteten Charakter nennt. Zunächst schlug er die Militärlaufbahn ein, schied aber bald wieder aus dem Dienst aufgrund seiner Glücksspielleidenschaft und hoher Schulden. Für kurze Zeit ging er nach Amerika, wo er sich als Klavierlehrer durchschlug, um sich dann, zurück in Deutschland, als Beamter zu versuchen. Doch auch hier konnte er nicht Fuß fassen, und so lebte er ab 1885 als freier Schriftsteller. Erst spät besserte sich die finanzielle Situation des stets Verschuldeten, als ihm Kaiser Wilhelm II. ein jährliches Ehrengehalt bis zum Tod im Jahr 1909 gewährte.

Dass Liliencron sich in der Welt des preußischen Militärs auskannte, zeigt das Gedicht „Der Handkuss". Schallt aus den Zeilen doch jener Offizierston hervor, der die Knappheit des Kommandos in den Alltag überführt hat. Ein Idiom, das Liliencron zur Parodie reizte und womit er einen für die Entstehungszeit des Gedichts (1888) durchaus neuen Umgang mit der Sprache offenbarte.

Weniger Worte als in der Mehrzahl dieser Verse lassen sich tatsächlich kaum verwenden. Sieht man vom Kehrreim am Strophenende einmal ab, bestehen die Zeilen aus maximal drei, meist nur zwei Wörtern, manchmal setzt Liliencron gar nur ein einziges. Aber auch bei der Wahl der Wörter selbst bedient er sich im Fundus des Militärkasi-

nos. Der nicht näher bezeichnete Sprecher rapportiert von der Frau an seiner Seite schneidig-salopp als einer „süßen Lady", auch die Verwendung des Französischen („merveillös"/wunderbar) war in diesen Kreisen Gepflogenheit. Dennoch bleiben die Verse geschmeidig, sind – wiederum abzüglich des Refrains – geradezu walzerhaft beschwingt in ihrer trochäischen Anfangsbetonung. Das macht den Charme des Gedichts aus, hält es in der Schwebe zwischen Parodie und Liebenswürdigkeit.

Die Hauptfigur, jene „süße" Angebetete, darf man sich durchaus als reizende Person vorstellen, aber auch als etwas unbedarft. Denn wenn sie mit Kutscher Jean ausfährt im Vierspänner („viere lang"), um bei Hofe zu erscheinen, dann ist sie von diesem Ausflug zwar berauscht („noch ganz hin"), doch besteht der Anlass dazu in nichts weiter als im geleisteten Handkuss vor der Königin. Dieses von der „Lady" als Sensation erlebte Ereignis taucht Liliencron in Strophe vier in milde Ironie: „Königin,/Hoher Sinn./Ihre Hand,/Interessant..." Nur ein Gestammel, aber was für eines: Liliencron benötigt hier (wie auch an den vergleichbaren Stellen der übrigen Strophen) keine Verben und keine weiteren Wörter, um doch atmosphärisch dicht die Situation zu erfassen. Und um sich zugleich lustig zu machen über die Banalität von Konventionen.

Stefan Dosch

Die frühen Gräber

Willkommen, o silberner Mond,
Schöner, stiller Gefährt der Nacht!
Du entfliehst? Eile nicht, bleib, Gedankenfreund!
Sehet, er bleibt, das Gewölk wallte nur hin.

Des Maies Erwachen ist nur
Schöner noch, wie die Sommernacht,
Wenn ihm Tau, hell wie Licht, aus der Locke träuft,
Und zu dem Hügel herauf rötlich er kömmt.

Ihr Edleren, ach es bewächst
Eure Male schon ernstes Moos!
O wie war glücklich ich, als ich noch mit euch
Sahe sich röten den Tag, schimmern die Nacht.

Durch Nacht zum Glück

Man liest und stutzt: „frühe Gräber"? Was meint Klopstock damit in seinem 1764 geschriebenen Gedicht, etwa Ruhestätten, die in alter Zeit ausgehoben wurden? Man liest weiter und staunt aufs Neue, denn von den Gräbern führen die nun einsetzenden Verse erst einmal ganz weit weg. Hinein in eine Nacht, die so gar nicht grabesdunkel, sondern hell vom Mond durchschienen ist und daher auch von einem erzählenden Ich in Hochstimmung erlebt wird: „Willkommen, o silberner Mond" – die Sprache selbst vollzieht die Bewegung des milde fallenden Lichts, in einem Metrum, das in keinem der folgenden Verse der ersten Strophe wiederkehrt. Vielmehr hat jede der vier Zeilen ihr eigenes, vom Dichter eigens konzipiertes metrisches Schema. Allerdings sind die Strophen zwei und drei dieser Ode exakt dem metrischen Ablauf der ersten nachgebildet.

Doch zurück zum Mondschein. Als Wolken sich vorschieben, redet das Ich das Gestirn in direkter Rede an („Du entfliehst?"), um sogleich in den Plural zu wechseln: „Sehet..." – wer ist hier angesprochen? Erneut und wiederum unvermittelt wandelt sich die Szene, denn nun steigt im erlebenden Subjekt die Erinnerung an einen Morgen im Mai empor. „Schöner noch" sei dieser Tagesanbruch als die gerade real vorhandene Sommernacht, so schön wie ein Jüngling (das legt die „Locke" nahe, aus welcher

„Tau... träuft"), der den „Hügel herauf" steigt. Dass diese evozierte Gestalt „rötlich... kömmt", verweist im allegorischen Bild auf das eigentlich Gemeinte: einen Sonnenaufgang im Frühling.

Man ist die harten Schnitte nun schon gewohnt. „Ihr Edleren..." hebt – wiederum in einer direkten Wendung – das Ich an, wobei der Komparativ wohl so viel besagt wie „edler als ich selbst", ohne doch fürs Erste mitzuteilen, wer mit der Steigerung gemeint sei. Nun aber folgt, was den schon verloren geglaubten Faden des Beginns wieder aufnimmt: „ach, es bewächst / Eure Male schon ernstes Moos!" – hier sind sie nun, die Grab-Male der Gedichtüberschrift. Und die beiden letzten Verse geben nun mit einem Schlag Antworten auf all die Fragen, die im Laufe des bisherigen Wegs angefallen sind. Das Ich trauert den Toten nach, den (allzu) „früh" in die „Gräber" Gefahrenen. Mit ihnen sah es einst „sich röten den Tag", sah den Tautriefenden Jüngling der zweiten Strophe; sah mit ihnen „schimmern die Nacht", wie sie dem einsamen Subjekt sich darstellt in Strophe eins.

Hier, in der von beseelter Natur ausgelösten Erinnerung, ist das Glück der Gemeinschaft mit den geschätzten Verstorbenen noch einmal erlebbar. Vielleicht sogar wiederholbar wie der Aufgang des Mondes, das Heraufziehen des Tages. *Stefan Dosch*

Belsatzar

Die Mitternacht zog näher schon;
In stummer Ruh lag Babylon.
Nur oben in des Königs Schloß,
Da flackert's, da lärmt des Königs Troß,

Dort oben in dem Königssaal,
Belsatzar hielt sein Königsmahl.
Die Knechte saßen in schimmernden Reih'n,
Und leerten die Becher mit funkelndem Wein.

Es klirrten die Becher, es jauchzten die Knecht';
So klang es dem störrigen Könige recht.
Des Königs Wangen leuchten Glut;
Im Wein erwuchs ihm kecker Mut.

Und blindlings reißt der Mut ihn fort;
Und er lästert die Gottheit mit sündigem Wort.
Und er brüstet sich frech, und lästert wild;
Die Knechtenschar ihm Beifall brüllt.

Der König rief mit stolzem Blick;
Der Diener eilt und kehrt zurück.
Er trug viel gülden Gerät auf dem Haupt;
Das war aus dem Tempel Jehovahs geraubt.

Und der König ergriff mit frevler Hand
Einen heiligen Becher, gefüllt bis am Rand'.
Und er leert ihn hastig bis auf den Grund,
Und rufet laut mit schäumendem Mund:

Jehovah! dir künd' ich auf ewig Hohn, –
Ich bin der König von Babylon!
Doch kaum das grause Wort verklang,
Dem König ward's heimlich im Busen bang.

Das gellende Lachen verstummte zumal;
Es wurde leichenstill im Saal.
Und sieh! und sieh! an weißer Wand
Da kam's hervor wie Menschenhand;

Und schrieb, und schrieb an weißer Wand
Buchstaben von Feuer, und schrieb und schwand.
Der König stieren Blicks da saß,
Mit schlotternden Knien und totenblaß.

Die Knechtenschar saß kalt durchgraut,
Und saß gar still, gab keinen Laut.
Die Magier kamen, doch keiner verstand
Zu deuten die Flammenschrift an der Wand.

Belsatzar ward aber in selbiger Nacht
Von seinen Knechten umgebracht.

Buchstaben aus Feuer

Selten hat man einen König in solcher Starre gesehen. Der Schrecken hat das Auge aufgerissen. Die Rechte krallt sich an das Gold der (aus dem Tempel von Jerusalem geraubten) Gefäße, die Linke streckt sich zur abwehrenden Geste. Es ist die Schrift an der Wand, die den König entsetzt. Sie ist als „Menetekel" in die Sprachgeschichte eingegangen und auf immer mit dem Untergang des Babyloniers Belsazar und seines Reiches verknüpft.

Wie Rembrandt, von dessen „Belsazar"-Gemälde (um 1635) hier eingangs die Rede war, bringt auch Heinrich Heines Ballade „Belsatzar", 1822 in den „Gedichten" veröffentlicht, den dramatischen Umschlag auf den Punkt – von der Festlaune zur Leichenstille, vom Hochmut des Königs zum stieren Blick, von der Glut seiner Wangen zur Totenblässe, vom kecken Mut zu schlotternden Knien.

Heine sammelt die Kontraste. Er beschleunigt die Ballade, die zu Beginn das Königsmahl wie in einer filmischen Zoombewegung vors Auge holt, durch den Wechsel von Präteritum und Präsens, von Schilderung und Dramatisierung. Die volksliedhaften, gereimten Zweizeiler variieren das Versmaß, binden Wort und Rhythmus durch Alliterationen zusammen, entfalten die hohe Kunst der Lautmalerei, meisterhaft intoniert im O-Ton der gotteslästerlichen Zeilen „Jehova! dir künd ich auf ewig Hohn, –/Ich bin der König von Babylon!". Nicht genug der Verskünste, die der berühmte August Wilhelm Schlegel dem Studenten Heine 1819/1820 an der Universität Bonn in Vorlesung und persönlichem Ratschlag angedeihen ließ: Wortwiederholungen ziehen im „Belsatzar"-Gedicht gleichsam einen Faden durchs Strophenschema. Allein zehn Zeilen beginnen mit „und", gipfelnd in der refrainartigen Spiegelung von „Und sieh! und sieh! an weißer Wand" sowie „Und schrieb, und schrieb an weißer Wand". Heine geht frei mit der biblischen Quelle um (Buch Daniel, Kap. 5). Er pointiert das berühmte Orakel „mene, mene, tekel upharsin" als „Buchstaben von Feuer" bzw. „Flammenschrift".

Manche Wendung mutet holprig-bemüht an, ein Füllselwort wie „zumal", Zeilen wie „Des Königs Wangen leuchten Glut" oder „Und saß gar still, gab keinen Laut". Vielleicht deutet sich hier ja schon jene Stilmischung an, die Heine später auf parodistisch-ironische Höhen führen wird. Für ein (bei diesem Dichter nahe liegendes) kritisch-politisches Verständnis gibt der frühe „Belsatzar" kaum etwas her, wiewohl das Gedicht natürlich Spielräume eröffnet. Mögen revolutionäre Geister den Fall des Königs gutheißen, so werden Gläubige es begrüßen, dass die göttliche Ordnung über die Hybris triumphiert. *Günter Ott*

JOACHIM RINGELNATZ

Die Schnupftabaksdose

Es war eine Schnupftabaksdose,
Die hatte Friedrich der Große
Sich selbst geschnitzelt aus Nußbaumholz.
Und darauf war sie natürlich stolz.

Da kam ein Holzwurm gekrochen.
Der hatte Nußbaum gerochen.
Die Dose erzählte ihm lang und breit
Von Friedrich dem Großen und seiner Zeit.

Sie nannte den alten Fritz generös.
Da aber wurde der Holzwurm nervös
Und sagte, indem er zu bohren begann:
» Was geht mich Friedrich der Große an! «

Eine bittere Wahrheit – mit Witz

Das Große, das Überwältigende, vor allem das Tiefe und Tragische werden hierzulande mit der Kunst verbunden. Die deutsche Geistigkeit hat zu durchdringen, hat sich den letzten Dingen zu stellen, hat schwer zu sein. Sobald sie leicht wird, steht sie im Verdacht, gleichzeitig auch seicht zu sein. Vielleicht kommen Humor und Kunst deshalb so selten in Deutschland zusammen.

Geradezu vor einem Widerspruch erster Ordnung steht einer, der das Werk und das Leben des Lyrikers, Kabarettisten und Malers Joachim Ringelnatz (1883 bis 1934) betrachtet. Von Geburt an war Ringelnatz durch seine markante Nase, sein vorspringendes Kinn und seinen kleinen Wuchs aus der Normalität herausgehoben. Er wurde gehänselt, als Krüppel beschimpft, benachteiligt. Und er flüchtete sich in ein abenteuerliches, haarsträubendes und auch katastrophales Leben – als Schüler mit schlechtem Zeugnis, als Matrose und Freiwilliger bei der Marine, als Hausmeister in einer Pension, als Lehrling in einer Dachpappefabrik und als Angestellter in einem Münchner Reisebüro. Immer wieder gab es Phasen während wechselhafter Wanderjahre, in denen Ringelnatz mittellos war und dem Hunger in elementarster Form begegnete. Im Grund führte der angehende Schriftsteller ein Leben, das Tragödie in Reinform war: Es wollte nicht klappen.

Die Bitterkeit dieser Erfahrungen schlägt beim Dichter allerdings um in Ironie. Mit Humor begegnet Ringelnatz der Unbill und schafft als Lyriker Verse, die schweben, die leicht sind. Und dieser Humor ist es es auch, mit dem er in den Weimarer Jahren nach dem Ersten Weltkrieg sein bescheidenes, von ständigen Geldnöten begleitetes Auskommen findet – nicht so sehr durch Buchverkäufe als vielmehr durch Bühnenauftritte.

Zu seinen bekanntesten Gedichten zählen jene aus dem frühen Band „Die Schnupftabaksdose" (1912). Die Welt, die der Lyriker vorstellt, trägt absurde Züge. Nicht nur die Menschen, auch die Tiere und Dinge leben und sprechen; aus dem Kontrast entsteht Komik – auch in dem titelgebenden Gedicht. Dort lässt Ringelnatz in lakonischer Wortwahl die Schnupftabaksdose, die sich eine Menge auf ihre königliche Herkunft einbildet, auf einen Holzwurm treffen, dem das historisch Bedeutende gleichgültig ist. Wo tierischer Hunger herrscht, darf man auf Generosität nicht hoffen.

Aber Ringelnatz dichtet nicht so, dass das Bittere dieser Wahrheit sauer aufstößt. Vielmehr schafft er es mit der lakonischen Wortwahl und dem einfachen Reimschema, eine treffende Schlusspointe zu setzen. Die Wahrheit begegnet hier als Witz. Und weil beides zusammenkommt, darf man diese Lyrik getrost Kunst nennen. *Richard Mayr*

BERTOLT BRECHT

Erinnerung an die Marie A.

1

An jenem Tag im blauen Mond September
Still unter einem jungen Pflaumenbaum
Da hielt ich sie, die stille bleiche Liebe
In meinem Arm wie einen holden Traum.
Und über uns im schönen Sommerhimmel
War eine Wolke, die ich lange sah
Sie war sehr weiß und ungeheuer oben
Und als ich aufsah, war sie nimmer da.

2

Seit jenem Tag sind viele, viele Monde
Geschwommen still hinunter und vorbei
Die Pflaumenbäume sind wohl abgehauen
Und fragst du mich, was mit der Liebe sei?
So sag ich dir: Ich kann mich nicht erinnern.
Und doch, gewiß, ich weiß schon, was du meinst
Doch ihr Gesicht, das weiß ich wirklich nimmer
Ich weiß nur mehr: Ich küsste es dereinst.

3

Und auch den Kuss, ich hätt' ihn längst vergessen
Wenn nicht die Wolke da gewesen wär
Die weiß ich noch und werd ich immer wissen
Sie war sehr weiß und kam von oben her.
Die Pflaumenbäume blühn vielleicht noch immer
Und jene Frau hat jetzt vielleicht das siebte Kind
Doch jene Wolke blühte nur Minuten
Und als ich aufsah, schwand sie schon im Wind.

Das Flüchtige bleibt

Es war Samstag, der 21. Februar 1920, als Paula Banholzer („Bi") Brecht zum Augsburger Bahnhof begleitet. Von dort fährt er nach Berlin. Abends um 7 Uhr im Zug, so notiert BB, habe er das „Sentimentale Lied No. 1004", später als „Erinnerung an die Marie A." berühmt geworden, niedergeschrieben. Das wäre also kurz vor der Ankunft in Berlin gewesen! Es würde nicht überraschen, hätte der eben 22 Jahre alt gewordene Augsburger hier für die Nachwelt einen dichterischen Genieblitz in Szene gesetzt.

Die Verse kommen jedenfalls nicht unvorbereitet. Denn der Brecht jener Jahre pflegt die Bilder von Wolken und Wind und vergehender Liebe, im Gedicht wie im frühen Drama „Baal".

Die im Titel abgekürzte Marie A. meint Maria Rosa Amann. BB hat sie 1916 in Augsburg kennengelernt. War sie eine seiner Liebschaften? Das weiß man nicht so genau. Es ist auch nicht entscheidend. Denn das Gedicht, sofern es überhaupt auf einem Liebeserleben basiert, rückt dieses weit weg in die Vergangenheit, vor allem in der 2. Strophe. Sie bricht abrupt mit dem liedhaft-balladesken Auftakt und seinen etwas verbrauchten Bildern („stille bleiche Liebe", „holder Traum", „schöner Sommerhimmel"), bremst den jambisch schwingenden Rhythmus in einer Art Dialog ab, der aber doch nur Selbstansprache ist.

Es geht „im blauen Mond September" weniger um Liebe als um Reflexion. Brecht verfährt doppeldeutig. Die Liebe steht neben dem Vergessen, das Vergessenwollen neben dem Nichtvergessenkönnen, das Längst-Vergessene neben dem Immernoch-Wissen, die Nähe („Und über uns...") neben der Distanz, der Blick nach oben („aufsah") neben der Ernüchterung unten (abgehauene Pflaumenbäume). Das Dauernde fällt dem Vergehen anheim, und es ist ein genialer Griff Brechts, wie er die (Liebes-)Erinnerung und das Vergessen im Bild der schwindenden Wolke zusammenführt (analog setzt er „weiß" als Eigenschaftswort wie als Reflexionsverb ein).

Was bleibt, ist das Flüchtige; während das, was meist mit dem Adjektiv „ewig" versehen wird (wie die Liebe), dem Verschwinden anheimfällt. So heißt es im Schlussgedicht „Vom armen B. B." der Brecht'schen „Hauspostille" (1927): „Von diesen Städten wird bleiben: der durch sie hindurchging, der Wind!"

In dieser virtuosen Gedichtsammlung schreibt Brecht über zwei große Themen, die Lust und den Verlust des Lebens. Beide prägen auch die „Erinnerung an die Marie A." Das Bewegende dieses Gedichts liegt darin, dass es die in der „Wolke" gefasste Flüchtigkeit der Liebe auf Dauer stellt.

Günter Ott

Die Sprache und ihre Mittel: einige Fachbegriffe

Zum Wesen eines Gedichts gehört der Einsatz bestimmter formaler und stilistischer Mittel. Die Dichter verwenden sie, um damit die von ihnen beabsichtigten Wirkungen zu erzeugen. Manches ist auf den ersten Blick zu erkennen, anderes eher verborgen. Nachfolgend eine kleine Auswahl mit Beispielen aus den „100 großen Gedichten".

Alexandriner

Sechshebiger Reimvers mit Wechsel von sechs unbetonten (◡) und sechs betonten (∕) Silben. Die in der Versmitte stehende Zäsur verdeutlicht die antithetische Aussage. Besonders im Barock verwendet.

Der schnelle Tag ist hin ∕ die Nacht schwingt ihre Fahn
◡　∕　◡　∕　◡　∕　　　◡　∕　◡　∕
(Andreas Gryphius, Abend, S. 20)

Alliteration

Gleichlautender Anlaut von betonten Stammsilben.
Dienst du dem Gegenglück, dem Geist
(Gottfried Benn, Einsamer nie –, S. 170)

Anapher

Wiederholung gleicher Wörter (oder Wortgruppen) zu Beginn von Versen oder Strophen.
Röslein, Röslein, Röslein rot,
Röslein auf der Heiden.
(Johann Wolfgang Goethe, Heidenröslein, S. 10)

Assonanz

Halbreim, bei dem die Vokale am Gleichklang beteiligt sind.
Gelassen stieg die Nacht an Land,
Lehnt träumend an der Berge Wand
(Eduard Mörike, Um Mitternacht, S. 116)

Ballade

Längere Gedichtform, in der eine Geschichte sich zum dramatischen Konflikt zuspitzt.
(Johann Wolfgang Goethe, Erlkönig, S. 30,
Heinrich Heine, Belsatzar, S. 198)

Enjambement
(Zeilensprung, Hakenstil)

Die syntaktische Einheit setzt sich über das Versende hinaus fort; der Vers wird „gebrochen".
Über allen Gipfeln
Ist Ruh
(Johann Wolfgang Goethe, Wandrers Nachtlied, S. 174)

Freie Rhythmen

Reimlose, metrisch ungebundene, aber stark rhythmisch bewegte Verszeilen beliebiger Länge.
Bedecke deinen Himmel, Zeus
Mit Wolkendunst
Und übe dem Knaben gleich,
Der Disteln köpft,
An Eichen dich und Bergeshöhn
(Johann Wolfgang Goethe, Prometheus, S. 52)

Inversion

Umstellung der üblichen Wortstellung
In seinen Armen das Kind war tot
(Johann Wolfgang Goethe, Erlkönig, S. 30)

Kadenz
Metrische Form des Versschlusses
Männlich (stumpf), wenn der Vers auf einer
betonten Silbe endet: *Flut, Glut*
Weiblich (klingend), wenn der Vers auf einer
unbetonten Silbe endet: *Ferne, Sterne*

Metrum
Versmaß, das die regelmäßige Abfolge von beton-
ten (Hebung) und unbetonten Silben (Senkung)
regelt. Folgen betonte und unbetonte Silben
unmittelbar aufeinander, spricht man von einem
alternierenden Metrum. Die wichtigsten Metren:

· Jambus
Versfuß, aus einer unbetonten (◡)
und einer betonten (/) Silbe bestehend
Der Mond ist aufgegangen
　◡　/　◡　/　◡　/　◡
(Matthias Claudius, Abendlied, S. 98)

· Trochäus
Wechsel von betonter und unbetonter Silbe
Sah ein Knab' ein Röslein stehn
　/　◡　/　◡　/　◡　/
(Johann Wolfgang Goethe, Heidenröslein, S. 10)

· Daktylus Auf eine betonte Silbe folgen
zwei unbetonte Silben
Wir sitzen an einer Kunkel
　◡　/　◡　◡　/　◡　/　◡
(Eduard Mörike, Die Schwestern, S. 184)

· Anapäst
Auf zwei Senkungen folgt eine Hebung
Wir weben, wir weben!
　◡　/　◡　◡　/　◡
(Heinrich Heine, Die schlesischen Weber, S. 138)

Ode
Gedichtform, die gewöhnlich ohne Endreim
erscheint. Gleichmäßiger Strophenbau
mit festem Metrum, oft nach antikem Vorbild
(L. C. H. Hölty, Ihr Freunde, S. 158),
aber auch mit eigenem metrischem Schema
(F. G. Klopstock, Die frühen Gräber, S. 196).

Personifikation
Leblose Dinge oder abstrakte Begriffe werden ver-
menschlicht, um die Anschaulichkeit zu erhöhen.
Gelassen stieg die Nacht an Land,
Lehnt träumend an der Berge Wand,
Ihr Auge sieht die goldne Waage nun
Der Zeit in gleichen Schalen stille ruhn
(Eduard Mörike, Um Mitternacht, S. 116)

Reimschema Die häufigsten Varianten sind:

· **Paarreim** Zwei unmittelbar aufeinander folgende
Verse reimen sich nach dem Schema a a b b
Wer reitet so spät durch Nacht und Wind?
Es ist der Vater mit seinem Kind;
Er hat den Knaben wohl in dem Arm,
Er faßt ihn sicher, er hält ihn warm
(Johann Wolfgang Goethe, Erlkönig, S. 30)

· **Kreuzreim**
Schema a b a b
Auf einem Häuserblocke sitzt er breit,
Die Winde lagern schwarz um seine Stirn,
Er schaut voll Wut, wo fern in Einsamkeit
Die letzten Häuser in das Land verirrn
(Georg Heym, Der Gott der Stadt, S. 50)

· **Umarmender Reim**
Schema a b b a
Es sang vor langen Jahren
Wohl auch die Nachtigall,
Das war wohl süßer Schall,
Da wir zusammen waren
(Clemens Brentano, Der Spinnerin Nachtlied, S. 162)

· **Kehrreim (Refrain)**
Wiederholung eines (Kurz-)Verses, meist
am Schluss der Strophe; im Volkslied beliebt
Wir weben, wir weben!
(Heinrich Heine,
Die schlesischen Weber, S. 138)

· **Binnenreim**
Reim des Versendes mit einem Wort im Versinneren
Im Frühlingsschatten fand ich sie;
Da band ich sie mit Rosenbändern
(F. G. Klopstock,
Das Rosenband, S. 44)

Sonett
Streng geregelte Gedichtform, bestehend
aus 14 Versen, die sich in zwei Quartette
(vierzeilige Strophen, meist mit dem Reimschema
a b b a) und zwei Terzette (dreizeilige Strophen
mit variierendem Reimschema) gliedern.
Beispiele besonders im Barock *(Andreas*
Gryphius, Abend, S. 20), aber beispielsweise
auch bei Mörike, Rilke, Trakl.

Synästhesie
Verschiedene Sinnbereiche werden
gemischt („Farbton")
Golden wehn die Töne nieder…
Blickt zu mir der Töne Licht!
(Clemens Brentano, Abendständchen, S. 12)

Waise
Ein Vers, der in gereimter Nachbarschaft
isoliert, d.h. ohne Reim steht
(z.B. die letzten Verse der vier Strophen
von *Martin Luthers*
„Ein feste Burg ist unser Gott", S. 172)

Die Autoren der Interpretationen

Stefan Dosch, 1963 in Augsburg geboren, studierte Germanistik und Theaterwissenschaften in München. 17 Jahre Kulturredakteur der Allgäuer Zeitung. Seit 2008 Feuilletonredakteur der Augsburger Allgemeinen.

Günter Ott, 1947 in Bamberg geboren, studierte Germanistik, Theaterwissenschaften und Politik in München und Mainz. Feuilleton-Redakteur der Augsburger Allgemeinen von 1976–2008, zuletzt Leiter des Ressorts Kultur.

Rüdiger Heinze, 1956 in Zwickau geboren, studierte Musikwissenschaften und Orchestermusik in Frankfurt/Main. Feuilleton-Redakteur der Augsburger Allgemeinen seit 1983.

Richard Mayr, 1974 in Kaufbeuren geboren, studierte Germanistik, Philosophie und Geschichte in Frankfurt/Main. Seit 2008 Feuilleton-Redakteur der Augsburger Allgemeinen.

Mathias Mayer, 1958 in Freiburg/Breisgau geboren, promovierte 1987 in München über Goethes „Wilhelm Meister"-Romane. Seit 2002 Ordinarius an der Universität Augsburg.

Inhaltsverzeichnis

211

VERLAG

© 2014 Presse-Druck- und Verlags-GmbH,
Curt-Frenzel-Straße 2, 86167 Augsburg, www.presse-druck.de

REDAKTION UND KONZEPT

Rüdiger Heinze, Stefan Dosch, Günter Ott

PRODUKTMANAGEMENT

Andreas Schmutterer (Leitung), Andreas Zündt

LAYOUT / SATZ

Corinna Ziemer, Medienzentrum Augsburg GmbH

DRUCK / PRODUKTION

Firmengruppe APPL,
aprinta druck GmbH,
86650 Wemding

AUFLAGE / JAHR

1. Auflage 2014

ISBN

978-3-9816187-7-8

QUELLENNACHWEISE

S. 58: „Unter der Linde" von Walther von der Vogelweide, Übertragung aus dem Mhd. durch Wolrad Eigenbrodt
S. 146: „Die gestundete Zeit", aus: Ingeborg Bachmann, Werke, Bd. 1 Gedichte, © 1978 Piper Verlag GmbH, München
S. 156: „unter Bäumen Tränenmorgen", aus: Friederike Mayröcker, Gesammelte Gedichte 1939 bis 2003.
Herausgegeben von Marcel Beyer, © Suhrkamp Verlag, Frankfurt am Main 2004.
S. 170: „Einsamer nie –", aus: Gottfried Benn, Statische Gedichte, © 1948 und 2006 Arche Literatur Verlag AG, Zürich-Hamburg
S. 188: „Möbius", aus: Durs Grünbein, Cyrano oder Die Rückkehr vom Mond, © Suhrkamp Verlag Berlin 2014.
S. 178: „Ein Dröhnen", aus: Paul Celan, Die Gedichte. Kommentierte Gesamtausgabe in einem Band.
Herausgegeben und kommentiert von Barbara Wiedemann, © Suhrkamp Verlag, Frankfurt am Main 2003.
S. 182: „September", aus: Hermann Hesse, Sämtliche Werke in 20 Bänden. Herausgegeben von Volker Michels.
Band 10: Die Gedichte, © Suhrkamp Frankfurt am Main
S. 202: „Erinnerung an die Marie A.", aus: Bertolt Brecht, Werke. Große kommentierte Berliner und Frankfurter Ausgabe,
Band 11: Gedichte 1, © Bertolt-Brecht-Erben/Suhrkamp Verlag 1988.